Gott ist mein König ꝛ. aõ 18

Viola
doi Hautb: Basson. doi Flauti - Violon
4 Voci. è 4 in Ripieno.

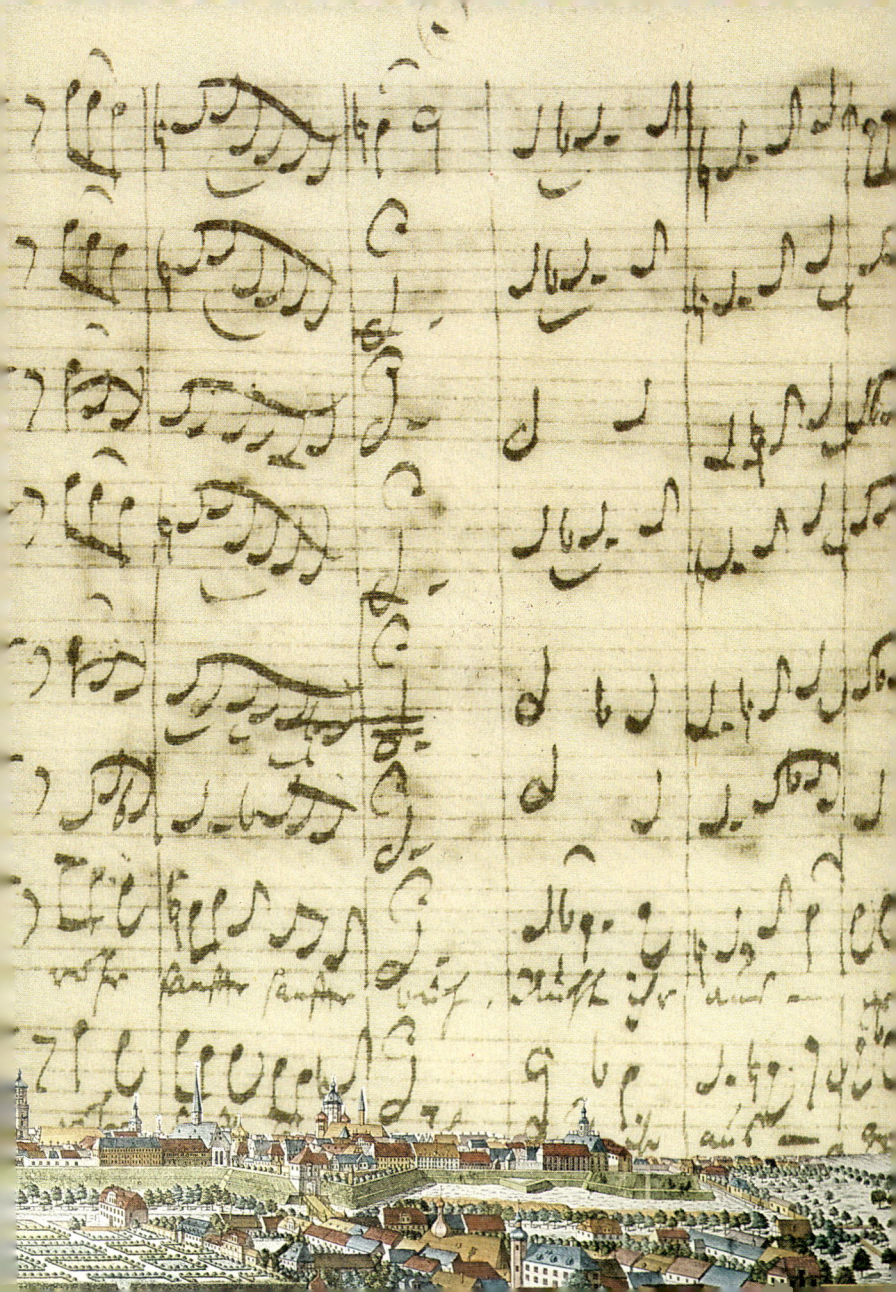

Paule du Bouchet, geboren 1951, studierte Philosophie und Musik. Nach drei Jahren intensiver Beschäftigung mit Kammermusik begann sie 1979 mit der Musikerziehung von Kindern und wandte sich dann dem Lektorat von Kinder- und Jugendliteratur zu. Sie schrieb mehrere Werke zum Thema Musik für Kinder und Erwachsene und spielt nebenbei in einem Ensemble auf alten Instrumenten.

Deutsche Textfassung und wissenschaftliche Überarbeitung:
Karl Böhmer, Musikwissenschaftler

Die Deutsche Bibliothek – CIP-Einheitsaufnahme

Johann Sebastian Bach : Musik zur Ehre Gottes / Paule DuBouchet.
[Dt. Textfassung und wiss. Überarb.: Karl Böhmer]. –
– Dt. Erstausg. – Ravensburg: Maier, 1992
(Abenteuer Geschichte; 29) (Ravensburger Taschenbuch)
Einheitssacht.: Magnificat – Jean-Sébastien Bach, le cantor <dt.>
ISBN 3-473-51029-7
NE: DuBouchet, Paule; Böhmer, Karl [Bearb.]; EST; 1. GT

ABENTEUER GESCHICHTE

Deutsche Erstausgabe als Ravensburger Taschenbuch
© 1992 Ravensburger Buchverlag Otto Maier GmbH

Die Originalausgabe erschien unter dem Titel
„Magnificat – Jean-Sébastien Bach, le cantor"
© 1991 Editions Gallimard, Paris

Redaktion der deutschen Fassung: Martin Sulzer

Alle Rechte dieser Ausgabe vorbehalten durch
Ravensburger Buchverlag Otto Maier GmbH
Satz: Eduard Weishaupt, Meckenbeuren
Printed in Italy by Soc. Editoriale Libraria

5 4 3 2 1   96 95 94 93 92

ISBN 3-473-51029-7

JOHANN SEBASTIAN BACH
Musik zur Ehre Gottes

Paule du Bouchet

Otto Maier Ravensburg

ERSTES KAPITEL

JOHANN SEBASTIAN BEI MARTIN LUTHER

Am 23. März 1685 läßt der Stadtpfeifer Johann Ambrosius Bach in der Georgenkirche zu Eisenach seinen vierten Sohn taufen. Das Kind erhält die Namen Johann, der in der Familie schon Tradition hat, und Sebastian, wie sein Pate. Von der Höhe der Wartburg herunter hat Martin Luther eineinhalb Jahrhunderte zuvor seine donnernde Herausforderung an den Papst gerichtet und die Pforten der Reformation aufgestoßen. Ein zufälliges historisches Zusammentreffen? Das ganze Leben Johann Sebastians ist voller Symbolik.

Die einzige Behauptung, die wir aufstellen können und die die Erfahrung bestätigt, ist, daß die Musik allein verdient, nach dem Wort des Herrn verherrlicht zu werden … Ob man will, daß sie die Traurigen tröste oder aber die Freudigen erschrecke, die Verzweifelten stärke, die Stolzen beuge, die Verliebten beruhige und besänftige diejenigen, die hassen …, was könnte man Wirksameres finden als die Musik? **
Martin Luther, Encomion Musices, 1538

Die Georgenkirche ist das Zentrum des musikalischen Lebens der Eisenacher Bachs. Johann Christoph, Vetter von J. Ambrosius und Onkel von Sebastian, ist dort seit 20 Jahren Organist und eine bedeutende musikalische Figur. Der lutherische Glaube, die Orgel: alles beginnt auf dieser doppelten Schiene. Zu sagen, daß Sebastian ein Musiker war, ist fast ein *Pleonasmus**. Er ist es, bevor er weiß, was Musik ist, bevor er weiß, daß es eine Sprache gibt.

Bei den Bachs ist die Musik ein Naturzustand. Seit mehreren Generationen sind sie Organisten, Stadtpfeifer oder Wirtshausgeiger. Der Ahnherr Veit Bach (gestorben vor 1577), „Weißbecker" in Wechmar, spielte ein „Cythringen" im Takt seiner Mühle. Seitdem wird in der Familie jeden Tag Musik gemacht. Von den 31 Bachs zwischen Veit und Sebastian sind 28 Lautenmacher oder *Clavierbauer*, Kantoren, Organisten, *Stadtpfeifer* oder Hofmusiker.

Eisenach, das Herz Thüringens.

In diesem bewaldeten Land hatten die Vorfahren Sebastians seit 1580 Fuß gefaßt. Die „musicalisch-Bachische Familie" ist ebenso fest in Thüringen verwurzelt wie ihr Name in der deutschen Sprache. Er läßt automatisch an „Umherschweifen" denken: „Bach" ist die wörtliche Bedeutung,

Die im Jahr 1685 in Deutschland herrschenden politischen Zustände gehen auf den „Westfälischen Frieden" von 1648 zurück. Das Deutsche Reich zerfällt in eine Unmenge von Kleinstaaten. Die Territorialherren sind in ihren Ländern souverän und haben das Recht, sich untereinander und sogar mit ausländischen Mächten zu verbünden. Die kleine Stadt Eisenach, aus Tradition lutherisch, ist das Zentrum des unabhängigen Fürstentums Sachsen-Eisenach (unten).

Johann Ambrosius wohnte 1685 in dem nicht erhaltenen Haus Lutherstraße 35, also wohl nicht im sog. „Bachhaus" am Frauenplan (links), das landläufig als Bachs Geburtshaus gilt.

* *kursive Begriffe* siehe Glossar Seite 177.

„wandernder Musiker" die historisch genauere. Das soll der Sinn eines verlorenen Worts aus der Zigeunersprache oder aus bestimmten Ortschaften in Osteuropa sein. Es gab Bachs in Erfurt, in Ohrdruf, in Arnstadt, aber auch in Wechmar, Gotha, Meiningen, Sondershausen, Jena, Coburg, Altenburg, Gera und vor allem Eisenach.

Als Kleinstadt von etwa 7500 Einwohnern mißt Eisenach der Musik einen hohen Wert bei. Am Hof der Herzöge von Sachsen-Eisenach wird sie als Hofkunst gepflegt, während sich der musikalische Geschmack der Bürger aus einer kräftigen volkstümlichen Ader nährt. Diese ursprüngliche Derbheit wird zu einer wertvollen Wurzel für die Ästhetik und das Genie Bachs.

„Vierzig Gulden, vier Groschen und acht Pfennige pro Jahr nebst Unterkunft."

So angesehen er auch ist, zieht J. Ambrosius doch keine größeren Einkünfte aus seinem Amt als Stadtpfeifer. Bei den Bachs lebt man beengt. In der Familie spielen Glauben und Musik eine zentrale Rolle. Nur der Tod, der nacheinander vier Kinder mit sich nimmt, trübt das familiäre Glück. Allerdings ist es der „süße Tod" des lutherischen Glaubens, ein gewohnter Tod in der Epoche. Die Tatsache, daß er wiederholt Säuglinge und Kinder in der Familie dahinrafft, ist für den jungen Sebastian ein frühes Vorspiel auf das, womit er im Leben zu rechnen hat. Zur Kompensation dient dem Vater J. Ambrosius die Musik. Er hat die Freude, zu erleben, wie sein ältester Sohn J. Christoph, Schüler des berühmten J. Pachelbel, das Amt des Organisten in Ohrdruf erhält. Und dann ist da Sebastian. Er zeigt schon sehr früh eine außergewöhnliche Begabung für die Geige, das Instrument seines Vaters, und für die Orgel, an der ihn wahrscheinlich sein Onkel J. Christoph unterrichtet. Die erzieherischen Grundsätze von J. Ambrosius sind einfach: Mit 14 verläßt man die

Johannes Ambrosig Bach

Schule um bei einem Musiker in die Lehre zu gehen.
J. Christoph, der Onkel, ist weit mehr auf das Renommee
der Familie bedacht und darum bemüht, ihre soziale Stellung zu heben: Er läßt seine Kinder auf die Universität
gehen. In dieser Zeit ist der Beruf des Musikers anerkannt
und erfährt eine alles in allem ehrenvolle Entlohnung. An
der Spitze der Hierarchie der Musiker steht der Hofmusiker,
und eine höhere Bildung spielt eine durchaus große Rolle.
Sebastian bereut es sein ganzes Leben, dem Rat seines
Onkels nicht Folge geleistet und nicht studiert zu haben.

Das musikalische
Leben in Eisenach
wird von J. Christoph
Bach (links oben)
beherrscht, der für den
Gottesdienst verantwort-
lich ist, und von dessen
Vetter J. Ambrosius
(links unten), der in
städtischen Diensten
steht.

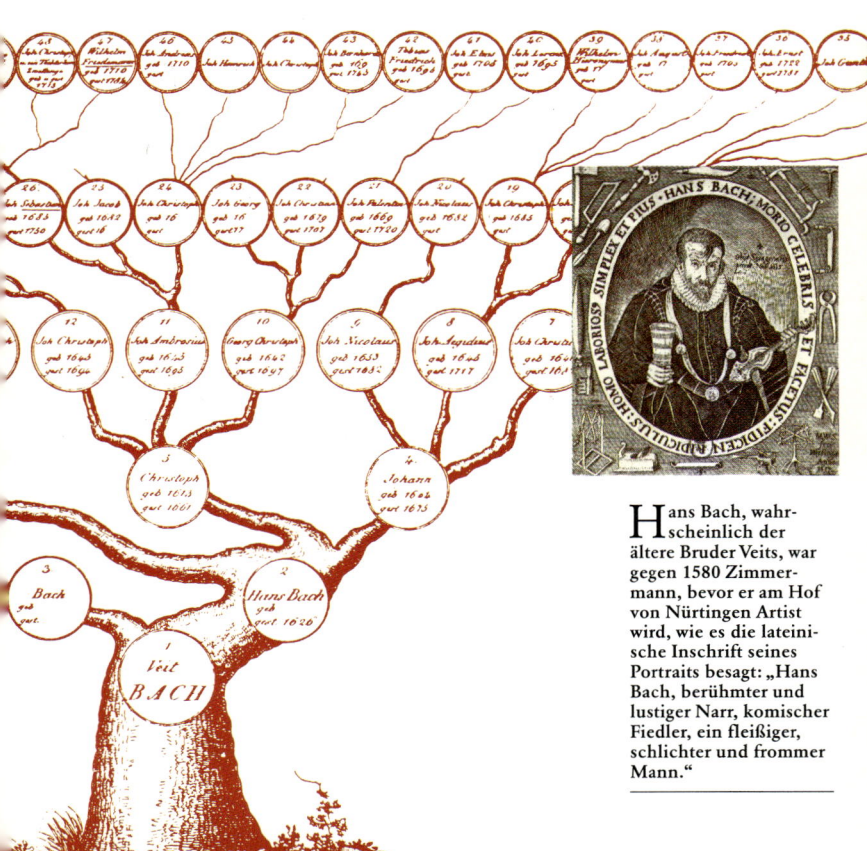

Hans Bach, wahr-
scheinlich der
ältere Bruder Veits, war
gegen 1580 Zimmer-
mann, bevor er am Hof
von Nürtingen Artist
wird, wie es die lateini-
sche Inschrift seines
Portraits besagt: „Hans
Bach, berühmter und
lustiger Narr, komischer
Fiedler, ein fleißiger,
schlichter und frommer
Mann."

Ortruff.

Pf. 39. v. 13.
Ich bin beydes Dein
Pilgrim und Dein Bürger.

Latein und Musik, lebendige Sprachen.

Mit acht Jahren tritt er in die Eisenacher Lateinschule ein,
die bereits zwei seiner Brüder besuchen. Seit der Reformation gibt es in den protestantischen Staaten zwei Typen
von Schulen: die Volksschule und
die Lateinschule, an der
das Studium der humani-
stischen Fächer den
Zugang zum Gymna-
sium und später zur

Universität vorbereitet. Frühreif und begabt, lernt Sebastian so schnell Latein, daß er bald seinen drei Jahre älteren Bruder J. Jacob überflügelt. Sebastian hat außerdem eine schöne Sopranstimme und gehört dem Chorus Symphonicus der Schule an, der *Motetten* und *Kantaten* aufführt. Die Gemeinde der Georgenkirche hört jeden Sonntag die Musik, die die Bachs ihr bieten: J. Christoph an der Orgel, J. Ambrosius an Violine oder Bratsche und den kleinen Sebastian, wie er mit seiner schönen reinen Stimme singt, andere Familienmitglieder, alles exzellente Musiker, gar nicht zu zählen.

Knaben spielen im lutherischen Gottesdienst eine zentrale Rolle, da Frauenstimmen verboten sind. Der Chorus Musicus in Ohrdruf, in dem Sebastian singt, besteht aus etwa 30 Sängern. In ihrem Nekrolog auf Bach reden sein Sohn Carl Philipp Emanuel und sein Schüler J. Friedrich Agricola von Bachs „ungemein schöner Sopranstimme".

Waise mit neun Jahren.

Innerhalb eines Jahres, zwischen 1694 und 1695, verliert Sebastian erst seine Mutter, dann seinen Vater. Die Familie wird in alle Himmelsrichtungen verstreut. J. Jacob bleibt in Eisenach als Geselle des neuen Stadtpfeifers, die beiden anderen finden Aufnahme bei ihrem älteren Bruder, dem Organisten von Ohrdruf. Für J. Christoph ist eine solche Gastfreundschaft keine Selbstverständlichkeit: Seine Brüder, sehr viel jünger als er, sind praktisch Fremde; er ist frisch verheiratet, hat ein Neugeborenes zu Hause und mehr als bescheidene Einkünfte. Dennoch ist es für ihn eine Verpflichtung, seine Brüder nicht nur zu ernähren, sondern auch sie ihre in Eisenach begonnenen Studien fortsetzen zu lassen und sie in die musikalische und familiäre Tradition einzubinden. Kaum zehn, steuert Sebastian seinen Teil bei: Für die Summe von 45 Florin nebst einer Ration Korn und Holz singt er in den Chören der Lateinschule von Ohrdruf, des Lyceums. So fühlt er schon als ganz junger Mensch, daß man sich sein Leben verdienen muß: Er singt, man entlohnt ihn. Die Straße, die zu Gott

Das Lyceum von Ohrdruf, in dessen Quarta Sebastian eintritt (sechs Schuljahre sind zu absolvieren, von der Sexta bis zur Prima), hat einen guten Ruf und 300 Schüler im Jahr 1695, bei einer Stadt von weniger als 4000 Einwohnern. Der Lehrplan sieht Lateinstunden vor, Stilübungen, Griechisch und Lektionen im Neuen Testament. Rhetorik, Arithmetik, Geographie und Naturwissenschaften vervollständigen das Lehrangebot, an das sich gründliche Übungen (5–6 Stunden pro Woche) im Gesang und in Musik allgemein anschließen.

führt, geht durch menschliches Gebiet, das lernt er. Zur selben Zeit absolviert er eine glänzende schulische Laufbahn am Lyceum. Mit 14 erreicht er die oberste Klasse, in der seine Mitschüler im Durchschnitt 18 sind.

Ebenfalls zu dieser Zeit begeistert er sich für die lutherische *Orthodoxie*. Deren Dialektik sagt Sebastians geistiger Aufgewecktheit zu. Daß seine Vorliebe für theologische Untersuchungen ihre Wurzeln in seinen frühen Todeserfahrungen hat – von Geschwistern und Eltern –, ist wahrscheinlich. Unter diesen Umständen ist ihm die Religion ein wichtiger Beistand. Sebastians Lektüre festigt die Überzeugung, daß der Glaube die Tür zu ewigen Wahrheiten öffnet, deren erstes Zeichen der Tod ist.

Die Leidenschaft des Lernens.

Vorläufig geht es ihm nur um die Musik. Sein Bruder unterrichtet ihn im

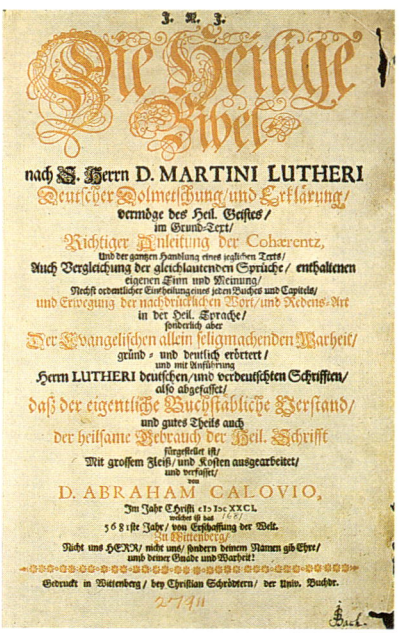

Cembalospiel und gibt ihm erste Kompositionsstunden. Er weckt bei ihm den Geschmack für eine Musik, aus deren Quellen er später ausgiebig schöpfen wird: Girolamo Frescobaldi für die Italiener, Dietrich Buxtehude, J. Adam Reincken, Nicolaus Bruhns, Georg Böhm für die Deutschen und „einige gute alte Franzosen". Der Lehrer ist ausgezeichnet, Sebastian unersättlich. Er entziffert jeden Notentext, den er findet; mag er ihn, dann schreibt er ihn ab. Im Nu meistert er die Stücke, die ihm sein Bruder aufgibt. J. Christoph muß wohl ein Gefühl der Eifersucht empfinden – man kann es verstehen, bei diesem außergewöhnlichen kleinen Bruder. Eines Tages untersagt er ihm, ein gewisses Heft voller Kostbarkeiten abzuschreiben: Stücken von J. Jakob Froberger, J. Kaspar Kerll, Pachelbel, den älteren und zeitgenössischen deutschen Meistern für Tasteninstrumente. Sebastian bringt es heimlich an sich und kopiert es nachts bei Mondschein. Nach einem halben Jahr besitzt er diesen musikalischen Schatz zur Gänze. Doch er läßt sich von seinem Bruder erwischen, der das Manuskript unbarmherzig konfisziert. Die Geste ist wenig sympathisch,

Girolamo Frescobaldi (1583 – 1643), Italiens großes Genie in der Claviermusik, besonders auf der Orgel.

und Sebastian findet sie sehr hart – doch sie trübt die tiefe Zuneigung nicht, die er seinem älteren Bruder entgegenbringt. Ja, er widmet ihm später sogar eines seiner ersten Clavierwerke (das E-Dur-Capriccio „in honorem J. Christoph Bachii Ohrdrufiensis", BWV 993).

Chorsänger in Lüneburg.

Aber das Leben in Ohrdruf ist hart. Das Haus J. Christophs bevölkert sich zusehends, und seine Einkünfte steigen kaum. Sebastian fühlt, daß er seinem Bruder zur Last fällt. Er selbst ist nun über 14, für die jungen Lutheraner das Alter der Konfirmation. Durch Elias Herda, einen Kantor aus der Nähe von Ohrdruf, erfährt er eines Tages, daß die Michaelisschule in Lüneburg Kinder armer Eltern als Sänger aufnimmt. Sebastian macht sich im März 1700 auf die Reise. Das norddeutsche Lüneburg liegt weitab von Thüringen. Begleitet von seinem Schulkameraden Georg Erdmann legt Sebastian die 350 km dorthin zu Fuß zurück. Sie werden sofort in den Mettenchor der Michaelisschule aufgenommen, den leistungsfähigsten des Instituts. Dort wird das schwierige Repertoire der musica figuralis, der *Vokalpolyphonie*, gesungen. Der Chor ist seit eineinhalb Jahrhunderten der Stolz der Stadt. Die beiden jungen *Discantisten* beziehen ein mageres Einkommen, 12 Groschen im Monat. Dazu kommen die Prämien für die Beteiligung an Ereignissen wie Hochzeiten, Beerdigungen usw. Da er eine Unterkunft

In Lüneburg singen die ungefähr 25 Singschüler, die den Mettenchor bilden, jeden Sonntag eine Motette für vier oder mehr Stimmen a cappella. An Feiertagen wird eine Kantate aufgeführt und alle drei Wochen zur Kommunion ein „Stücklein" für eine oder mehrere Solostimmen und Instrumente.

besitzt und zu essen hat, man ihm Brennholz und Kerzen stellt, ist Sebastians finanzielle Situation nicht schlechter als in Ohrdruf. Einige Zeit nach seiner Ankunft verliert er aber seinen Sopran. Sein Tenor ist bei weitem nicht so außergewöhnlich. So widmet sich Sebastian jetzt noch mehr dem Instrumentalspiel an Orgel, Cembalo, Geige und Bratsche.

Eine musikalische Retrospektive.

Das Repertoire des Mettenchors speist sich aus der Musikbibliothek der Michaelisschule. Der junge Bach erhält so zum erstenmal einen Überblick über die musikalische Entwicklung seit dem 16. Jahrhundert. Hinzu kommen die Schätze in den Archiven der konkurrierenden Johanniskirche, eine eindrucksvolle *Summa* von *Tabulaturen* der größten Orgelmeister der Zeit – von Jan Pieterszoon Sweelinck, dem großen holländischen Organisten, Samuel Scheidt, Heinrich Scheidemann, Froberger, Jacob Praetorius – und *Intavolierungen* von Werken der alten Vokalpolyphonie. Es ist eine Fundgrube für einen Organisten, eine Ausgangsbasis für Eigenes.

Die Mitglieder des Mettenchors haben Zugang zu den Vorlesungen der benachbarten Ritterakademie, der Schule für junge Adlige, wo man klassische Literatur,

Im Jahr 1701 wird die Orgel der Michaeliskirche (rechts) von J. Balthasar Held restauriert. Bach hört ihm zu, wenn er von den Instrumenten spricht, an denen er arbeitet, und lernt so die Grundlagen des Orgelbaus kennen.

Die Michaelisschule besitzt eine berühmte Musikbibliothek, die seit 1555 systematisch angelegt wurde. Sie enthält handschriftliche oder gedruckte Partituren polyphoner Vokalmusik von Komponisten wie Orlando di Lasso, Claudio Monteverdi, Giacomo Carissimi, Marco Uccellini, Michael Praetorius, Samuel Scheidt, J. Hermann Schein, Heinrich Schütz und Andreas Hammerschmidt, insgesamt 1102 Bände.

Theologie, Latein, Griechisch, Rhetorik, Logik und insbesondere Französisch lehrt. Die Schüler sind gehalten,
untereinander nur Französisch zu sprechen. Thomas de la
Selle, Schüler von Jean Baptiste Lully und Tanzlehrer an
der Akademie, bringt das Flair und die Tanzmelodien aus
Paris mit. Er ist außerdem mit dem Hof in Celle verbunden, den der Herzog von Braunschweig-Lüneburg in ein
kleines Versailles verwandelt hat. Dank de la Selle hält sich
Sebastian am Hof auf. Er trifft dort zahlreiche Franzosen,
Hugenotten vor allem, die die Aufhebung des *Edikts von
Nantes* aus Frankreich vertrieben hat. Auf diese Weise kann
er sich mit der französischen Musik vertraut machen.

Französischer Stil gegen italienischen Stil.

Da der Hof in Celle calvinistisch ist, führt man dort kaum
geistliche Musik auf; instrumentale Ensemblemusik dagegen ist „en vogue". Das Repertoire der Kapelle ist uns nicht
bekannt, aber leicht zu rekonstruieren: Marin Marais, Jean
Henri d'Anglebert, Michel-Richard Delalande, Nicolas de
Grigny, François Couperin, Louis Marchand... Der Stil
Lullys ist in Deutschland von Meistern eingeführt worden,
die in seiner Nähe gewirkt haben, wie Johann Sigismund
Kusser, Georg Muffat und Johann Kaspar Ferdinand Fischer.
Ouvertüren und *Cembalosuiten* machen den aus Italien
importierten *Sonaten* und *Concerti* den Vorrang streitig.

 Seit dem 17. Jahrhundert haben sich die stilistischen
Gegensätze zwischen den Musiknationen verschärft. Sie
hängen in erster Linie mit dem Unterschied zwischen

D ie französischen
Musiker (links
oben) gehören zu den
letzten, die die Neuerun-
gen des Barockstils an-
nehmen, und zu den
ersten, die seine Exzesse
mildern. Lully, selbst
Italiener von Geburt,
aber Franzose im Her-
zen, versperrt Frank-
reich den Weg zu den
Opern seiner Heimat.
Zur gleichen Zeit stellt
Marin Mersenne in
seiner „Harmonie uni-
verselle" die „außer-
ordentliche Gewalt" der
französischen Musik der
„andauernden Süße" der
italienischen gegenüber.

italienischen und der französischen Mentalität zusammen. Die Franzosen: kalt, beherrscht, verliebt in eine formelle Schönheit; die Italiener: leidenschaftlich, sentimental, extrovertiert und informell. Italien ist die Wiege des Barockstils, der sich dort in aller Freiheit entfaltet. Die wesentlichen Eigenarten des französischen Stils – entworfen als Reaktion auf den italienischen Überschwang – sind ein klarer und knapper Ausdruck, in kurzen Sätzen und einfachen Formen zusammengefaßt. Die Musiker der beiden Nationen verachten sich so abgrundtief, daß die im französischen Stil ausgebildeten Instrumentalisten sich weigern, italienische Musik zu spielen, und umgekehrt. Sie könnten es auch gar nicht, so sehr gehört zu jedem Stil eine spezifische Spieltechnik. Man faßt damals die Musik als eine regelrechte Rede in Tönen auf. Wie soll man aber in einer Sprache sprechen, die man nicht kennt?

In Frankreich ist Musiktheater stets mit Tanz verbunden, besonders in seiner szenischen Form, dem Ballett. Aus den Operntänzen Lullys stellen seine Zeitgenossen Suiten zusammen, die sie mit der Ouvertüre der jeweiligen Oper eröffnen. So entsteht die Gattung der Orchestersuite.

Georg Wilhelm von Braunschweig-Lüneburg hat eine Französin geheiratet, Eléonore Desmier d'Olbreuse, die aus dem Poitou stammt und die Tanzmusik ihrer Heimat liebt. Ouvertüren und Suiten im französischen Stil sind deshalb die vorherrschenden Formen der Instrumentalmusik in Celle. Bach macht sich hier mit einer Gattung vertraut, die in seiner Musik in reichem Maß wiederkehrt.

Der „vermischte Geschmack" der Deutschen.

Erst im 18. Jahrhundert kommt es zur Synthese der Stile, die der Franzose Couperin „Les goûts réunis" („Die wiedervereinigten Geschmäcker"), seine deutschen Kollegen den „vermischten Geschmack" nennen. Als Ergebnis des Stilgegensatzes wird sie – unter der Ägide Telemanns – zum Markenzeichen der deutschen Musik. Die großen Komponisten fangen nun an, französische Suiten, italienische Sonaten und Concerti zu schreiben, freilich so, daß sie Elemente der jeweils „feindlichen" Gattung miteinbeziehen. Die lokale Tradition begünstigt diese Verschmelzung. Genau in diesem Moment tritt Bach auf. Am Hof von Celle entdeckt er mit Erstaunen die Werke von Couperin. Eine unerhörte, exotische Musik, die ihm eine Welt erschließt. 1701 besucht er regelmäßig Georg Böhm, den bekannten Organisten der Lüneburger Johanniskirche. Thüringer wie er selbst, mit engen Kontakten zur Bach-Familie, ist Böhm ein brillanter, stürmischer Geist, ein „Kolorist", höchst versiert im französischen Stil und geradezu versessen auf dessen Verzierungen. Doch vor allem ist Sebastian Schüler des berühmten Organisten der Hamburger Katharinenkirche, Reincken. Hamburg blickt auf dem Gebiet der Orgelmusik auf eine immense Tradition zurück. Wenn Böhm in Lüneburg französischen Stil vorschreibt, so ist es in Hamburg der *Kontrapunkt* in seiner großen deutschen Tradition, der die Orgelmusik prägt. Er hat sich zur Manier entwickelt, die die Züge von Wettbewerb, einer etwas übergezogenen Zurschaustellung trägt. Für Bach aber eröffnet sich dort eine neue Konzeption vom Leben und von der Musik: nicht mehr provinziell und lokalen Zwängen unterworfen, sondern offen für alle Strömungen, für alle Vermischungen.

L'ART De toucher Le Clavecin, Par Monsieur Couperin Organiste du Roi,

„Die Bescheidenheit einiger der fähigsten Meister auf dem Cembalo, die ohne Widerwillen mir bei verschiedenen Gelegenheiten die Ehre erwiesen, mich über die Art und Weise und den Geschmack beim Vortrag meiner Stücke zu befragen, läßt mich hoffen, daß Paris, die Provinz und die Ausländer, die sie alle beifällig aufgenommen haben, mir dankbar sein werden, daß ich ihnen eine sichere Methode gebe, um sie auszuführen. "
François Couperin (unten), 1717.

Er reist seit 1701 mehrmals nach Hamburg. Die berühmte Oper „Am Gänsemarkt", die geistliche Musik und die zahlreichen musikalischen Zeremonien der Hansestadt sind für ihn eine Quelle unendlichen Vergnügens. Er hört staunend Reincken zu, wie er in seiner blendenden Manier den Choral „An Wasserflüssen Babylon" variiert, und trifft einen anderen norddeutschen Orgelmeister, Vincent Lübeck.

Die musikalischen Kenntnisse, die Sebastian in diesen zwei Lüneburger Jahren erwirbt, sind entscheidend. Alles, was er entdeckt hat, wird er lieben, verstehen, annehmen und – hinter sich lassen. Der Schaffensprozeß Bachs geht durch diese zugleich einfache und schwierige Operation hindurch, die aus der gehörten und umgewandelten Musik eine ureigene Schöpfung macht.

„Hamburg, wo damals eine sehr gründlicher Organist und Componist, Nahmens Reinecke (Reincken) blühete."
F.W. Marpurg, „Legende einiger Musikheiligen", 1786

ZWEITES KAPITEL

DIE LEHRZEIT

Zu Ostern 1702 beendet Sebastian seine Studien an der Michaelisschule in Lüneburg. Er ist 17 Jahre alt, reif für die Universität. Doch davon träumt er nicht. Die Musik ist sein Metier, sie muß auch sein Broterwerb sein. Er macht sich auf die Suche nach einer Organistenstelle. Als echter Bach wendet er den Blick nach dem heimatlichen Thüringen. Drei Stellen sind dort frei: Sangerhausen, Eisenach und Arnstadt.

Bestallter Organist zu sein ist eine beneidenswerte Position, unter musikalischen wie sozialen Gesichtspunkten. Zahlreiche Bachs sind Organisten an Kirchen, so daß sie bestimmte Emporen in Thüringen beinahe in erbliche Lehen der Familie verwandeln, wie die Orgel an Saint-Gervais in Paris ein Lehen der Couperins ist.

Zwei Einträge in den Besoldungslisten des Weimarer Hofes (links eine Stadtansicht) bestätigen, daß Bach über seine musikalischen Aufgaben hinaus als „Laquey" angestellt ist, also als Kammerdiener des Herzogs Johann Ernst.

Trotz seines jugendlichen Alters wird Sebastian in Sangerhausen erfahrenen Organisten vorgezogen. Doch die Intervention des Landesfürsten verhindert im letzten Moment seine Anstellung. In Arnstadt bieten sich dagegen solide Aussichten: Man ist dabei, in der Neuen Kirche eine neue Orgel zu bauen. Anfang 1703 ist sie fast fertig, und die Angehörigen von Sebastian, die Arnstädter Bachs, bemühen sich, ihm den Posten zu verschaffen.

Die italienische Musik ist die Mode der Zeit. Selbst in Frankreich entflammt, nach Brossard, „die Leidenschaft, Sonaten im italienischen Stil zu komponieren". An den deutschen Höfen sind zahlreiche Italiener beschäftigt.

Lakai und Violinist.

Inzwischen muß er aber leben. So greift Sebastian zur ersten Arbeit, die sich ihm bietet: Lakai und Violinist in dem kleinen Kammerorchester von Herzog Johann Ernst von Weimar, dem mitregierenden Bruder des Herzogs Wilhelm Ernst.

Dieser erste Aufenthalt in Weimar bringt Sebastian eine doppelte Offenbarung. Zum einen trifft er den Geiger und Komponisten J. Paul von Westhoff; bei diesem typischen Vertreter deutscher Polyphonie beobachtet er das Doppelgriffspiel, das später, in Köthen, in seinen eigenen Solowerken für Streicher so wichtig werden soll. Zum anderen entdeckt er die italienischen Geigenmeister, deren Werke in den Weimarer Programmen an erster Stelle stehen. Italien und Deutschland, Frankreich und Deutschland – zu Beginn seiner Laufbahn steht Bach in dieser Pendelbewegung. Doch er „pendelt" nicht, sondern schöpft lange aus der einen, dann aus der anderen Quelle und übersetzt sie: in jene reine

Sprache seiner eigenen Musik, in der sich die Wasser
teilen und gleichzeitig vermischen. Er bemüht
sich um Tradition und Verwurzelung, will
sie gleichzeitig übertreffen, projizieren,
eine reine Auffassung gewinnen.

Organist an der Neuen Kirche in Arnstadt.

Im Juli 1703 wird Bach ein-
geladen, die neue Arn-
städter Orgel zu
prüfen. Ein
öffentliches
Probespiel fin-
det am 13. Juli statt und
hinterläßt ein erstauntes Publikum.
Sein Spiel ist wundervoll. Man engagiert ihn
auf der Stelle, ohne andere Bewerber überhaupt

anzuhören. Ein Vertrag wird unterzeichnet: 50 Florin jährlich, zusätzlich 30 Florin für Nahrung und Unterkunft: für einen jungen Organisten mehr als ehrenvolle Bedingungen.

Am 14. August tritt der neue Organist seinen Dienst an, der nicht gerade belastend ist: Sebastian muß sonntags von 8 bis 10 Uhr spielen, montags für das gemeinsame Gebet und mittwochs von 7 bis 9 Uhr. Außerdem muß er mit einem kleinen Chor üben, der aus Lateinschülern besteht. Die Situation scheint ideal. Er hat Zeit zu komponieren, trifft nahe Verwandte wieder: den Schwiegersohn und Nachfolger seines Großonkels Heinrich Bach, Christoph Herthum; die Witwe J. Christophs, des Zwillingsbruders seines Vaters, und ihre drei Kinder. Arnstadt ist eine sehr angenehme Kleinstadt von 4 000 Einwohnern. Die neue Orgel ist ausgezeichnet, mit zwei Manualen und 63 Registern versehen. Aber vor allem ist da Maria Barbara, eine entfernte Cousine.

Maria Barbara, Tochter von Johann Michael Bach.

Barbara und Sebastian haben ungefähr dasselbe Alter. Beide sind Waisen, beide sind in Familien erzogen worden, in denen die Musik alles bedeutet. Dies – sicher verbunden mit einer tiefsinnigen Wesensart bei dem Mädchen, die zur außergewöhnlichen Persönlichkeit Sebastians paßt – nährt die

„Alß sollet Ihr (…) zu rechter Zeit an denen Sonn- und Festtagen in obbesagter neuen Kirchen bey dem Euch anvertrauten Orgelwercke Euch einfinden, solches gebührend tractiren, darauff gute Acht haben, und es mit allem Fleiß verwahren, da etwas daran wandelbahr würde es bey Zeiten melden und daß nöthige reparatur beschehe, Errinnerung thun."
  Organistenbestallung, Arnstadt, August 1703

Maria Barbara lebt bei ihrem Onkel, dem Bürgermeister Martin Feldhaus, in einem zierlichen Eckhaus unter dem Schild „Zur goldenen Krone", das auf den Holzmarkt geht. Dort trifft Bach seine Cousine.

entstehende Idylle. Ihre Verwandtschaft ist zu entfernt, als daß sie ein
Hindernis für die Heirat darstellen
könnte. Hier, wie so oft, zeigt sich
Sebastian „wohltemperiert". Verliebt
und entschlossen, aber vernünftig
und geduldig. Maria Barbara heiraten? Sicher. Aber nicht, bevor
er seine Stellung abgesichert hat.
Der scheinbar so ideale Zustand
in Arnstadt entpuppt sich als Illu-
sion. Der Chor, um den sich Bach
kümmern muß, ist dünn besetzt
und schlecht, unfähig, die schwierigen
Kantaten und Motetten zu singen, die
ihm Bach zuweisen will.

D er Chor, für den
Bach verantwortlich
ist, ist um so dürftiger,
als die guten Sänger den
beiden anderen Kirchen
der Stadt vorbehalten
bleiben, die bedeuten-
der als die Neue Kirche
sind. Die Jungen singen
bis zum Alter von 15
oder 16, denn die Puber-
tät setzt später ein als
heutzutage, besonders
in den armen, unterer-
nährten Familien.

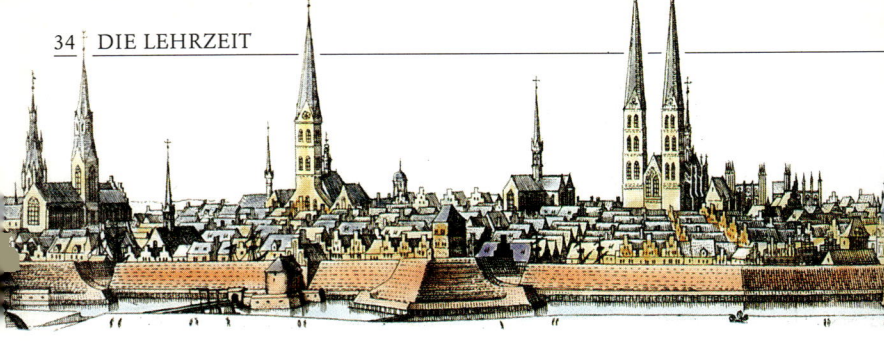

Disziplinlos und mittelmäßig sind die ungefähr 30 Jungen, die Sebastian zum Singen bringen soll. Während seine Autorität in allem, was seine eigene Kunst betrifft, souverän bleibt, wird er jähzornig, sobald ihm die Musik bedroht erscheint. In einer Probe bezeichnet er einen gewissen Geyersbach als „Zippelfagotist". Außer sich vor Wut wartet der Schüler nachts auf der Straße mit einem Knüppel in der Hand auf Bach und fängt an, ihn zu verprügeln. Sebastian zieht seinen Degen, und die Sache hätte zweifellos ein blutiges Ende genommen, wenn nicht andere Schüler rechtzeitig dazwischengegangen wären.

400 km zu Fuß, um Buxtehude zu hören.

Nach diesem Zwischenfall verliert Sebastian das Interesse an dem Chor und lehnt die weitere Arbeit mit ihm ab, dem Konsistorium, der religiösen Aufsichtsbehörde, zum Trotz. Er verlangt und bekommt vier Wochen Urlaub, um nach Lübeck zu gehen und den berühmten Buxtehude zu hören. Dietrich Buxtehude gilt als der größte Musiker Norddeutschlands, das Haupt der barocken Schule. Er leitet in der Marienkirche die berühmten Lübecker Abendmusiken.
Kaufleute der Stadt haben die Tradition 1646 begründet: einen Zyklus von Kirchenkonzerten, der zwischen dem

„Er (Bach) hätte sonst wohl es unterwegen laßen können, daß er Geyersbachen einen Zippelfagotisten geheißen, auß dergleichen Scommatibus kähmen nachmahls dergleichen Verdrießlichkeiten, dazumahlen er ohne dem in dem ruff daß mit denen Schühlern er sich nicht vertrüge und vorgebe, er sey nur auff Choral nicht aber musicalische stücke bestellet."
Gerichtsakten des Konsistoriums zu Arnstadt, August 1705

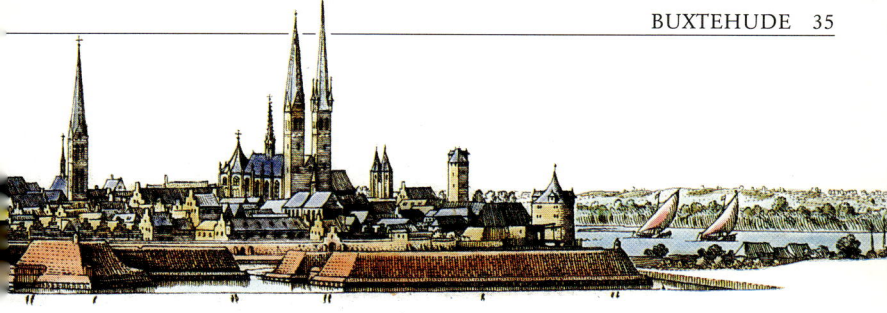

Martinsfest und Weihnachten stattfindet, vor allem an den
vier Adventssonntagen. Buxtehude hat daraus prächtige
Aufführungen dramatischer Oratorien gemacht, die im
ganzen Land berühmt sind. Als Bach nach Lübeck kommt,
übertrifft die Realität alle seine Erwartungen: 40 Musiker,
auf vier Emporen verteilt, ein Orchester von höchster
Qualität. Buxtehude selbst macht auf Bach einen überwältigenden Eindruck. Sebastian hat die Chance, an der groß-
artigen Aufführung seines „Castrum doloris"
mitzuwirken, einer Trauerkantate auf den
Tod Kaiser Leopolds I., sowie bei der Feier
zur Thronbesteigung des neuen Kaisers,
für die Buxtehude ein „Templum honoris"
komponiert.

Überragt von den
hohen Turmspitzen
seiner vielen gotischen
Kirchen, ist Lübeck, die
reiche Handelsstadt, die
mit Hamburg 1241 die
Hanse gründete, auch
eine Hochburg der deut-
schen Musik – dank des
Charismas von Buxte-
hude, der unterrichtet
und sich für öffentliche
Musikdarbietungen ein-
setzt.

Geboren um 1637,
wird Buxtehude (am
Cembalo, ihm gegen-
über Reincken) 1668
Organist der Lübecker
Marienkirche, an der er
bis zu seinem Tod 1707
bleibt. Als unbestritte-
ner Meister der nord-
deutschen Orgelschule
hinterläßt er durch sein
Werk bei vielen jünge-
ren Komponisten wie
Nicolaus Bruhns und
Georg Böhm einen tie-
fen Eindruck.

Der Barockstil, ein europäisches Phänomen.

Als Versuch, der Kunst alle menschlichen Gefühlsregungen anzuvertrauen, alle Widersprüche, alle Komplexitäten auszudrücken, ist der Barock zunächst *Leibgedinge* der Architektur und Plastik, bevor er auch tief in die Musik eindringt. Im 17. und in der ersten Hälfte des 18. Jahrhunderts formt ihn jedes Land nach dem ihm eigenen Temperament: überbordend, sinnlich in Italien, mit der Oper und dem Concerto als den beiden Polen; in Frankreich rationell, linear; in Deutschland als Versuch der Verschmelzung des französischen und italienischen Stils mit einer althergebrachten Polyphonie, deren Strenge durch eine Palette neuer instrumentaler Farben gemildert wird, wie sie sich im Orgelbau zeigt.

In Lübeck ist Sebastian wie gebannt. Er denkt nicht daran, zur festgesetzten Zeit nach Arnstadt zurückzukehren. Er nimmt die Kunst Buxtehudes völlig in sich auf, dringt in all ihre Feinheiten ein, besonders in die des Chorals.

„Wird der Organist in der Neuen Kirchen Bach vernommen, wo er unlängst so lange geweßen, und bey wem er deßen verlaub genommen? "

Der Choral, Brücke zwischen Liturgie und Musik.

In diesen entscheidenden Entwicklungsjahren erkundet Bach eine musikalische Form, die er niemals verlassen wird: den Choral, Pfeiler der lutherischen Liturgie. Er zieht sich wie ein roter Faden durch sein gesamtes Werk. Ob im Rahmen seiner ursprünglichen Bestimmung – Hymne für die Versammlung der Gläubigen – oder später in den abstraktesten Kompositionen wie den „Canonischen Veraenderungen": Der Choral ist immer da, als die einfachste, die demütigste musikalische Vergegenwärtigung des Glaubens.

Mehr vielleicht als Luthers in Wittenberg angeheftete Thesen (1517) macht der Choral den Kern des Glaubenslebens der reformierten Kirchen aus. Er ist zunächst ein Volkslied, dessen melodische Quellen oft bis in früheste Zeiten zurückreichen. So ist Luthers Choral „Nun komm der Heiden Heiland" nicht nur textlich, sondern auch musikalisch eine Adaptation des ambrosianischen Hymnus „Veni creator gentium". Das deutsche „Lied", der Gesang, der für die Masse der Gläubigen am leichtesten zugänglich ist, wird von Luther schon in seine Liturgie aufgenommen, bevor er weiß, wie der neue Ritus überhaupt aussehen soll. Dieser Pfeiler des protestantischen Gottesdienstes wird zu einem Sprungbrett für die deutsche Musik des 17. Jahrhunderts und öffnet – durch das Genie von Bach – den Weg zur Klassik.

Entsprechend Augustinus' „Doppelt betet, wer singt" ist die Musik für Luther unerschöpfliche Quelle, die Verbindung zu Gott schlechthin. 1524 erscheint die erste systematische Sammlung liturgischer Gesänge: 43 Kompositionen, davon 23 von Luther. 13 andere folgen, u. a. der Choral „Ein feste Burg ist unser Gott".

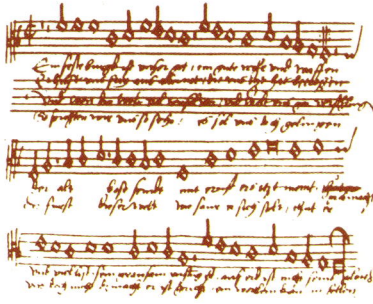

Die 36 Choräle Luthers bilden im 16. und 17. Jahrhundert die Grundlage aller Gesangbücher.

Abendmahl in einer lutherischen Kirche (linke Seite).

Im Jahr 1581 durch einen Brand verwüstet, wird das kleine Arnstadt Schritt für Schritt wieder aufgebaut. 1684 wird die Neue Kirche feierlich geweiht. Eine Kollekte unter den Bürgern erbringt 1699 das Kapital für die Erbauung einer Orgel, die 1703 angeschafft wird. Auf dieser Orgel gibt Bach das Probespiel, das ihm die Anstellung einbringt.

Vorläufig muß Sebastian zu seinem Bedauern nach Arnstadt zurückkehren. Seine Abwesenheit hat vier Monate gedauert: von Oktober 1705 bis Februar 1706. Buxtehude, der 68 Jahre alt ist, hat ihm seine Nachfolge an der Marienkirche angetragen, eine Stelle, die bei Musikern in ganz Deutschland begehrt ist. Sie hat zuvor schon Johann Mattheson und Georg Friedrich Händel angelockt. Doch wie Sebastian schrecken sie vor dem Opfer zurück, das die Stelle fordert: Heirat mit Buxtehudes 30jähriger und wenig attraktiver Tochter.

Von Arnstadt nach Mühlhausen.

In Arnstadt ist das Konsistorium über Bachs eigenmächtige Urlaubsverlängerung empört. Die Stimmung verschlechtert sich noch durch sein Orgelspiel, das die Gemeinde verstört. Er macht von den Registern und vom Pedal in vollem Umfang Gebrauch. Die Zuhörer sind verblüfft, bestürzt, verloren inmitten glänzender und nicht enden wollender Improvisationen. Man ruft ihn zur Ordnung, wirft ihm vor, „daß er bißher in dem Choral viele wunderliche variationes gemachet, viele fremde Thone mit eingemischet, daß die Gemeinde drüber confundiret worden". Strenge Richtlinien werden ausgegeben: keine Abenteuer mehr mit ungewohnten Harmonien, es sei denn, sie werden lange genug beibehalten, um sie zu erkennen; kein Umherschweifen mehr

„Stellen ihm hierauf ferner vor auß was macht ohnlängsten die frembde Jungfer auf das Chor biethen und musiciren laßen. "
    Prozeßakten des Konsistoriums von Arnstadt, November 1706

zwischen den Tonarten… Das ist hart. Bach ärgert sich, gehorcht, langweilt sich. Aus Provokation karikiert er die ihm gegebenen Anweisungen. Man findet, er spiele zu lang? Gut, dann wird er's eben kurz machen. Neuer Ordnungsruf: Man wirft ihm jetzt die Kürze seiner *Präludien* vor. Außerdem kritisiert man die Anwesenheit einer „frembden Jungfer" an seiner Seite auf der Orgelempore. Das ist zuviel. Er wird gehen.

Im Dezember 1706 bietet sich eine Stelle in Mühlhausen an der Blasius-Kirche, deren Organist J. Georg Ahle gerade gestorben ist. Sebastian stellt sich Ostern 1707, am 24. April, vor. Wieder bezwingt er sein Auditorium durch sein Orgelspiel. Man gesteht ihm 80 Florin jährlich zu (mehr als seinem Vorgänger!), das Korn, das Holz und den Fisch nicht mitgerechnet. Und der Rat schickt einen Wagen nach Arnstadt, um die Möbel zu holen.

„Wir haben Herrn Joh: Sebastian Bachen bey der Bonifacij Kirche zu Arnstadt bestellten Organisten anhero beruffen und zu Unseren Organisten bey obbesagter Kirche D. Blasij dero gestalt angenommen, daß er zuförderst hiesigem Magistrat treu und hold seyn, Gemeiner Stadt Schaden weren und bestes hingegen befördern (…) solle."
Mühlhausen, Juni 1707

Die Heirat.

Am 17. Oktober 1707 heiratet Sebastian Maria Barbara in der kleinen Kirche von Dornheim, nicht weit von Arnstadt. Bach ist 22 und hat eine ausreichend solide Stellung, um sich einen eigenen Haushalt zu leisten. Eine kleine Erbschaft von seinem Onkel Tobias Lämmerhirt kommt zur rechten Zeit. Sie erlaubt ihm, seßhaft zu werden.

Sebastian macht sich kraftvoll an die Bewältigung seiner neuen Aufgaben. Er genießt Vertrauen, ist anerkannt. Die Organistenstelle an Divi Blasii ist mit weit mehr Renommee verbunden als die an der Neuen Kirche, die er verläßt. Er übernimmt die Nachfolge einer ganzen Reihe hervorragender Organisten, vor allem seiner unmittelbaren Vorgänger J. Rudolph Ahle und dessen Sohns J. Georg. Inspiriert, belebt, komponiert Bach viel, tritt in eine intensive schöpferische Lebensphase ein und leistet eigentlich mehr, als man von ihm erwartet. Sein Vertrag sieht lediglich vor, daß er an St. Blasius die Orgel besetzen soll. Er kümmert sich aber um die gesamte Musik, erneuert ihr Repertoire, kopiert für die Bibliothek der Kirche Kantaten von Buxtehude und anderen norddeutschen Meistern. Zwei treue Schüler helfen ihm, die Stimmen für die Aufführungen abzuschreiben: J. Sebastian Koch und J. Martin Schubart, die ersten in der Phalanx der Bach-Schüler. Er trifft Musiker aus den benachbarten Orten, gibt ihnen einige seiner eigenen Kompositionen.

Die frühen Kantaten.

„Aus der Tiefen rufe ich, Herr, zu Dir" (BWV 131) stammt von 1707. Ihr – oder nach neueren Forschungen der Kantate „Nach Dir, Herr, verlanget mich" (BWV 150) – gebührt das Vorrecht, die wundervolle Serie der Kantaten Bachs zu eröffnen. Nur einige Monate vergehen bis zur nächsten, „Gott ist mein König" (BWV 71), über Texte verschiedenen Ursprungs: Bibelverse, Choralstrophen und geistliche *Odendichtung*. Die Kunst des norddeutschen Barock, angeregt von Buxtehude, findet sich hier auf grandiose Weise

Die Kantate „Gott ist mein König" ist ein Gelegenheitswerk: Sie wird in der Marienkirche uraufgeführt, zur Feier der Einsetzung des neuen Rats der Stadt.

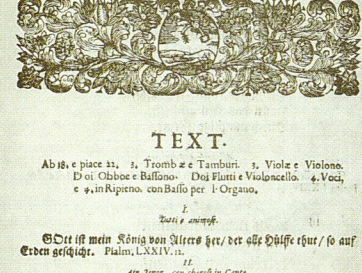

Das Werk hat das seltene Privileg, gestochen zu werden, und zwar von dem Stecher Tobias David Brückner. Das Libretto ist mit einem glanzvollen Deckblatt geschmückt, Zeugnis für den vornehmen Anlaß seiner Entstehung.

verwirklicht. Der Rat ist so zufrieden, daß er Text und Musik vollständig drucken läßt. Es ist das erste der insgesamt zehn Werke, die zu Bachs Lebzeiten im Druck erscheinen, und die einzige Kantate. Als nächste in der Chronologie der frühen Werke folgt vielleicht „Christ lag in Todesbanden" (BWV 4) zu Ostern 1708. Auch die beiden Kantaten „Gottes Zeit ist die allerbeste Zeit" (BWV 106) und „Der Herr denket an uns" (BWV 196) werden der Zeit in Mühlhausen zugeordnet. Bei der ersteren handelt es sich um eine Trauerkantate, auch bekannt unter dem Namen „Actus tragicus", bei letzterer um eine Hochzeitskantate.

Bach hat sein Werk als „Motette" bezeichnet: Seit der Renaissance spricht man von „Motette", wenn die Texte aus der Heiligen Schrift stammen, wie es bei der Kantate „Gott ist mein König" weitgehend der Fall ist.

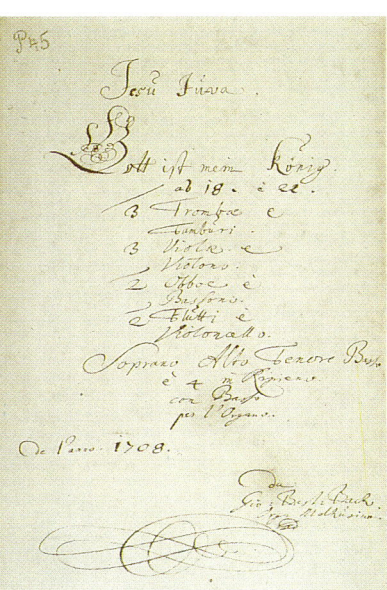

„So siehet eine Cantata nicht anders aus, als ein Stück aus einer Opera von Stylo Recitativo und Arien zusammengesetzt."

So definiert sie 1704 der Hamburger Pastor Erdmann Neumeister, Textdichter vieler Kantaten, auch Bachs. Wörtlich ein „Singstück", im Gegensatz zum „Klingstück", der Sonate, tritt die Kantate zum ersten Mal zu Beginn des 17. Jahrhunderts in Italien auf. Sie bezeichnet damals ein

In Italien und Frankreich ist die Kantate weltlich und wird erst in Deutschland als „Hauptmusik" oder „Kirchenstück" geistlich. Die Einführung weltlicher Elemente durch Neumeister löst bei den Pietisten Entrüstung aus.

Disposition der neüen reparatur des Orgelwercks ad D: Blasii.

Der Entwurf zur Restauration der Orgel in der Blasiuskirche zeigt bereits eine frappierende Sachkenntnis.

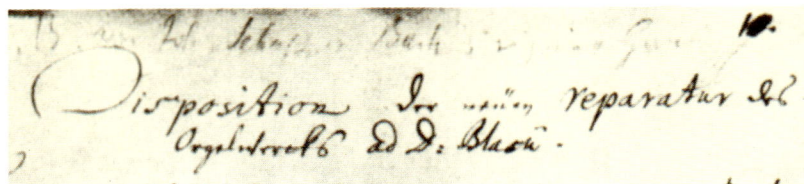

ausgedehntes Stück für ein oder zwei Singstimmen, mit Begleitung des *Basso continuo* und – bei Gelegenheit – einiger *obligater* Instrumente. Später wechseln Arien und Ensembles mit Rezitativen ab, wird die Instrumentation in dem Maße reicher, in dem sich das klassische Orchester herausbildet. Die Chöre kommen Anfang des 18. Jahrhunderts hinzu. Geistliche Vokalwerke dieser Art tragen in Europa die unterschiedlichsten Namen: „Hauptmusik", „Concerto" oder „Kantate" in Deutschland, „Motet" oder „Concert spirituel" in Frankreich, „Oratorio" in Italien.

Die Libretti, ursprünglich aus Bibeltexten und Choralstrophen zusammengesetzt, sind in Bachs Zeit zu freien Auslegungen geworden. Es gibt aber auch Kantatentypen, die noch stark der Tradition verbunden sind, wie die sogenannte Choralkantate. „Christ lag in Todesbanden" beruht ganz auf Luthers gleichnamigem Choral.

In Mühlhausen macht Sebastian einen wohlbegründeten Vorschlag für die Reparatur der Orgel und bestätigt seine Vorgesetzten in der Wahl ihres Organisten. Alles wird angenommen.

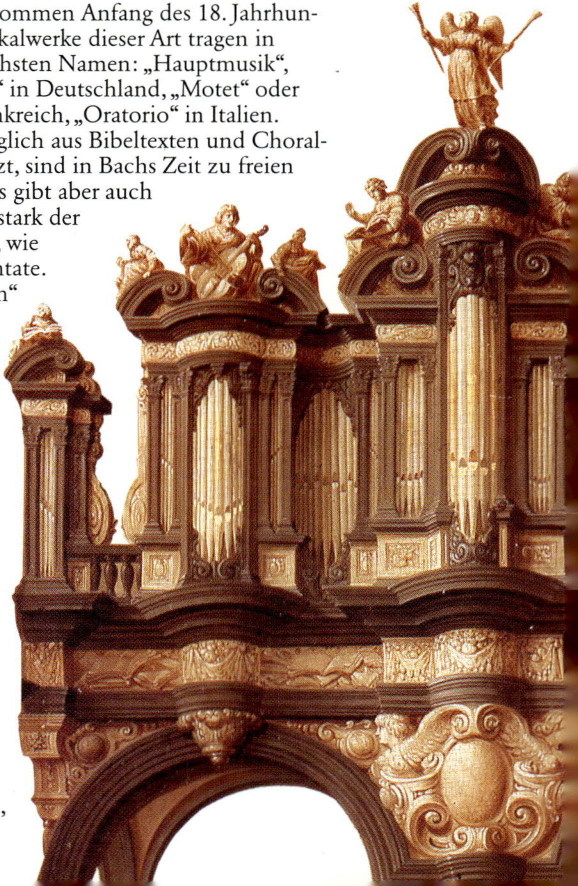

Zwei Auslegungen einer „regulirten kirchen music".

Dennoch wird ihm der Aufenthalt in Mühlhausen, der unter so glücklichen Vorzeichen begann,

sauer. Die Aufgaben, die ihm anvertraut werden, sind einfach und ohne Geheimnis, doch Bach ist unfähig, die strikte Norm, die örtliche Gewohnheit zu respektieren, wenn sie auf Kosten des einzigen Maßstabs gehen, den er respektiert: der musikalischen Qualität. Der Begriff Verwaltung ist ihm fremd und wird es stets bleiben. Wo er auch hingeht, Bach tut am Ende immer den Vorschriften oder den vertraglichen Klauseln Gewalt an. Er ist stets zu groß, zu widerborstig, zu massiv, zu aktiv für das verstaubte Dekor, in dem er sich sein Leben lang aufhält. Und doch sind ebendort die „Arbeitgeber". Dieser Widerspruch bildet den Hintergrund seines ganzen Lebens. Das Erhabene daran

Die frühen Kantaten Bachs bis ungefähr 1712 ähneln denen von Pachelbel, Böhm, Buxtehude und den älteren Bachs. Die Instrumentalpartien sind im allgemeinen kurz. Das Prinzip des Konzertierens, nach dem die Vokal- und Instrumentalgruppen mehrchörig abwechseln, wird in weitem Umfang angewendet. Das Arioso ist eine andere wichtige Form: eine kurze Arie, akzentuiert durch „Ritornelle", instrumentale Zwischen- und Nachspiele.

ist, daß er in dieser fortwährenden Gefangenschaft nie aufhört, seine Musik zu machen. In Mühlhausen ist er gehalten, eine „regulirte kirchen music" auf die Beine zu stellen. Doch wenn dies für die einen bedeutet: in Übereinstimmung mit der lokalen Tradition, so heißt es für Bach: in Übereinstimmung mit dem Geist der wahren Kirchenmusik. Von neuem machen ihm die beschränkte Zahl der Instrumentalisten und die Zurückhaltung gegenüber allen Neuerungen eine Kirchenmusik nach seinem Geschmack unmöglich.

Der Streit der Pastoren.

Der Konflikt setzt sich in einem Dogmenstreit fort. Zwischen den Pastoren der beiden Hauptkirchen besteht seit 1699 eine heftige religiöse Polemik: J. Adolph Frohne, Pastor an St. Blasius, neigt zum *Pietismus*, einer neuen Strömung, die sich innerhalb der lutherischen Kirche entwickelt und die die Betonung auf größere Subjektivität des Glaubens legt. Geboren aus einer Reaktion auf die Versteinerung der Kirche, setzt sich der Pietismus zum Ziel, den protestantischen Gottesdienst zu läutern. Die Musik ist dabei unglücklicherweise das erste Opfer. Die Pietisten sehen sie als „Gesang von Sirenen" an, der die Versenkung störe, die Eitelkeit der Welt mit dem Heiligen vermische und das Gut der göttlichen Wahrheit verderbe. Pastor Georg Christian Eilmar von der Marienkirche dagegen bekennt sich zu einer strikten Orthodoxie. Der Streit wird so heftig,

Mit dem Herzen ist Bach Pietist im Sinn einer innerlichen Begeisterung für seine Religion. Die sektiererischen Züge der Doktrin weist er jedoch zurück. Der instrumentale Luxus und die Klangpracht der Kantate „Gott ist mein König" verstören wohl die pietistischen Mitglieder des Rats. Unter dem Einfluß der Pastoren Frohne (links) und Eilmar (rechts) ist die öffentliche Meinung gespalten. So paradox Bachs Wahl scheinen mag, ist sie doch begründet: Er stellt sich auf die Seite der Musik. Eilmar wird zum Paten seines ersten Kinds, der kleinen Catharina Dorothea (getauft 29. 12. 1707).

daß die Obrigkeit ihm offiziell ein Ende bereitet. Doch unter der Oberfläche glimmt das Feuer weiter. Als Bach ankommt, ist es gerade wieder ausgebrochen.

Bach ist so ungeschickt, Partei zu ergreifen. Das einzige Mal in seinem Leben läßt ihn die Musik eine Partei wählen, die nicht seiner tiefsten Gläubigkeit entspricht. Er wählt Eilmar gegen Frohne, die starre Orthodoxie gegen einen Pietismus, der Toleranz und Autonomie im Glauben predigt. Seine Haltung in dieser Angelegenheit ist die eines sehr jungen Mannes, der ganz von seinem Feuer geleitet wird – und einer vereinfachenden Sicht der Dinge. Die Pietisten, Feinde der Musik, sind seine Feinde. Die Orthodoxen, die in der Musik das höchste Mittel zur Ehre Gottes sehen, sind seine Freunde. Das ist alles.

Kaum ein Jahr nach seiner Anstellung reicht er seinen Abschied ein: „Alß hat es Gott gefüget, daß eine Enderung mir unvermuthet zu handen kommen, darinne ich mich in einer hinlänglicheren subsistence und Erhaltung meines endzweckes wegen der wohlzufaßenden kirchenmusic ohne verdrießlichkeit anderer sehe." Diese „unvermuthete Enderung" kommt aus Weimar.

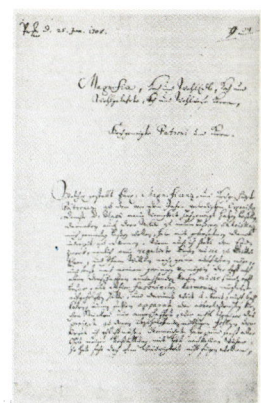

„Wenn auch ich stets den Endzweck, nemlich eine regulirte kirchen music zu Gottes Ehren, und Ihren Willen nach, gerne aufführen mögen (…) und darümb weit u. breit, nicht sonder kosten, einen guthen apparat der auserleßensten Kirchen Stücken mir angeschaffet, wie nichts weniger das project zu denen abzuhelffenden nöthigen Fehlern der Orgel ich pflichtgemäß überreichet habe, (…) über dießes demüthig anheim gebe, wie so schlecht auch meyne Lebensarth ist, bey dem Abgange des Haußzinses, und anderer eüßerst nöthigen consumtionen, ich nothdürfftig leben könne. "

J. Sebastian Bach,
Bitte um Entlassung
an die Obrigkeit
von Mühlhausen,
Juni 1708

DRITTES KAPITEL

DER GROSSE ORGANIST

Im Juli 1708 läßt sich Bach in Weimar nieder, wo ihm eine Organistenstelle an der Hofkapelle von Herzog Wilhelm Ernst angeboten wird. Er hat sich schon in einer Reihe von Gattungen versucht: Präludien und *Fugen*, *Partiten*, *Toccaten*, Choralvorspiele und Kantaten. Doch mehr als seine Kompositionen dringt sein Ruf als Organist bereits über die Grenzen Thüringens hinaus.

Die Kapelle des Weimarer Schlosses ist als „der Weg zur Himmelsburg", kurz „die Himmelsburg", bekannt. Ihr Altar trägt einen pyramidenförmigen Baldachin, der bis zum Dach reicht. Die Basis der Pyramide dient als Kanzel. In dem Himmel, der sich darüber auftut, steht Bachs Orgel. Von dort läßt er seine Kantaten musizieren, u. a. „Himmelskönig, sei willkommen" (BWV 182).

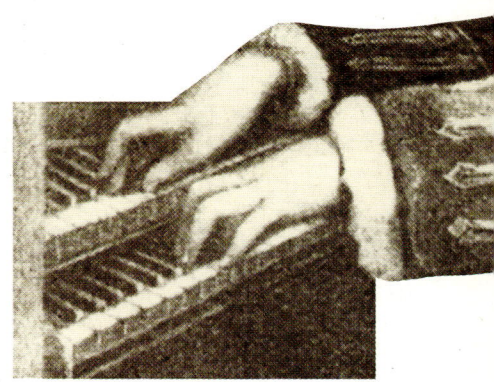

Als Stadt ist Weimar damals wenig bedeutend: 5 000 Einwohner (Eisenach hat 7500, Mühlhausen 4000). Aber es ist die Residenz der Herzöge von Sachsen-Weimar, aufgeklärter Monarchen, und es trägt in sich schon den Keim dessen, was ein Jahrhundert später, in der Epoche Schillers und Goethes, das Athen Deutschlands aus ihm machen wird. Zu Bachs Zeit fängt dieser kulturelle Wind gerade an zu wehen. Doch schon damals unterscheidet sich Weimar spürbar von den meisten der kleinen deutschen Höfe, die seit 1648 im Gefolge des Westfälischen Friedens entstanden sind.

Weimar: ein strenger Hof.

Verschanzt in seinem Schloß, der Wilhelmsburg, hat Herzog Wilhelm Ernst eine Hauptsorge: die Gründung und Bewahrung einer wahren Staatskirche. In seiner Eigenschaft als summus episcopus übt er auf seine Untertanen einen

Wilhelm Ernst von Sachsen-Weimar sorgt sich weder um die Vergrößerung seines Herzogtums noch um Bündnisse, noch um wirtschaftliche Verbesserungen für sein Land. Abgesehen von der Religion, seiner fast an Obsession grenzenden Vorliebe, ist die Kultur sein einziges Steckenpferd. Er unterhält eine Operntruppe, sorgt für die Verpflichtung namhafter Musiker, gründet eine Bibliothek und ein Münzkabinett.

Errichtet von Herzog Wilhelm IV. (1598 – 1662), wird die Wilhelmsburg von zwei anderen Schlössern flankiert: dem Roten und dem Gelben Schloß.

tiefen Einfluß aus, sowohl im Geistlichen, als auch im Weltlichen. Dennoch fehlen auch die Künste nicht. Im Gegenteil, ihre Notwendigkeit folgt klar aus der Devise, die sich der Herzog erwählt hat: Alles mit Gott.

Nach einem Brand 1774 wird fast die ganze Anlage durch das Schloß der Goethezeit ersetzt.

Während der 45 Jahre seiner Regierung
gibt Wilhelm Ernst den Ton an seinem Hof an: Religion und Fröm -
migkeit. Seine Diener müssen
täglich Gebeten beiwohnen
und abwechselnd mit lauter
Stimme die Bibel lesen.

Nach 8 Uhr abends im Winter, im Sommer
nach 9, werden die Lichter gelöscht. Die Truppe
von Komödianten, die zeitweise engagiert war,
ist einige Jahre vor Bachs Ankunft entlassen
worden.

Die Synthese aus geistlicher und weltlicher Musik.

Als Organist in der herzoglichen Kapelle spielt
Bach auch Geige (besser gesagt Bratsche, sein
bevorzugtes Streichinstrument) und Cembalo
bei der Kammermusik. Diese doppelte Funk-
tion entspricht dem Geist, der am Weimarer Hof
herrscht: Der Herzog ist ebenso fromm wie
musikliebend. Und wenn auch Kammermusik

und Concerti mit Nachdruck gepflegt werden, so nimmt doch die geistliche Musik die erste Stelle ein. Am Hof findet die lutherische Orthodoxie ihre volle Ausprägung, erstrahlen ihre Äußerungen im vollen Glanz. Das gefällt Bach, der der Musik den vornehmsten Platz einräumt, um die Gefühle des Glaubens auszudrücken.

Der Herzog mag seinen neuen Organisten auf Anhieb. Sehr schnell genießt Bach Freiheiten: die eines Künstlers, vor dem man sich verneigt. Er verdient gut: 225 Florin, fast das Dreifache von dem, was er in Mühlhausen bekam, dazu Mehl und Holz. Und für Bach zählt das Geld. Es macht jenes Dasein erst möglich, das Gott schenkt und das die Musik besingt. Er führt sehr genau die Haushaltsbücher: Butter, Tuchballen, Wein (er nimmt immer einen wichtigen Platz in seinem Budget ein!). Was ihn nicht davon abhält, für viel Geld neue Instrumente zu kaufen: Er besitzt am Ende seines Lebens fünf Cembali, zwei „Lautenwercke", drei Geigen (davon eine piccolo), drei Bratschen, ein „Bassettchen", zwei Violoncelli, eine Gambe, eine Laute und ein Spinett.

Ein begnadeter Organist.

In jenen Jahren gärt es in Bach. Sein Dienstherr gibt ihm häufig Urlaub, damit er an anderen Höfen spielen kann. Bach ist bald in zahlreichen Städten Deutschlands bekannt, noch nicht als Komponist – erst später stellt man ihn auch in diesem Punkt Händel und Telemann an die Seite –, sondern als Wunder an der Orgel. Tatsächlich sind seine technischen Leistungen schwindelerregend. Ein Zeitzeuge, Constantin Bellermann, Rektor in Hannoversch Münden, beschreibt später Bachs Spiel: „Der Erbprinz Friedrich von Hessen, welcher Bach einst zur Prüfung einer erneuerten Orgel nach Kassel gerufen hatte, bewunderte die Kunst seiner Füße,

In der Barockzeit wird die Polyphonie von der Monodie abgelöst, der vom Baß gestützten Melodie. In ihrem Gefolge entwickelt sich eine selbständige instrumentale Ensemblemusik, deren Grundlage der sogenannte Generalbaß oder Basso continuo ist. Über der Baßstimme werden in einer Ziffernschrift die harmonischen Verläufe der darüberliegenden Stimmen angegeben. Die Harmonien werden improvisatorisch von Akkordinstrumenten wie Orgel, Laute oder Cembalo ausgeführt, während die Baßstimme von Gambe, Cello, Violone oder Fagott verstärkt wird. Diesen Continuoinstrumenten stehen die Melodieinstrumente gegenüber. In Bachs Nachlaßverzeichnis (links) fehlen nur die Blasinstrumente.

die so beflügelt über die Pedale eilten,
daß die wuchtigsten Klänge wie Blitz
und Donner in den Ohren der Zuhörer
widerhallten, so sehr, daß er einen
edelsteingeschmückten Ring vom Finger zog und nach Beendigung des gewaltigen Spiels dem Künstler schenkte."
Bach ist gereizt über solche Demon-
strationen. Auf ein Kompliment für
sein Spiel antwortet er, man müsse nur
die rechte Note zur rechten Zeit treffen: Ausdruck der festen Überzeugung,
daß das Wirken Gottes nur die volle
Aufmerksamkeit verlange...

Im Lauf seines Lebens spielt Bach
auf ungefähr 50 verschiedenen Orgeln.
In Weimar verfügt er über die kleine
Schloßorgel, die 1708 von Weishaupt
restauriert worden ist und die ihm
besonders ans Herz wächst.

Ein neuer Posten winkt: in Halle.

1712 stirbt Wilhelm Zachow, der
Lehrer Händels, Organist in Halle.
Die Stelle ist vakant, das Angebot
verlockend. Die Orgel der Liebfrauenkirche ist ein wunderbares
Instrument mit 63 Registern. Sebastian führt dort als Probestück eine
seiner Kantaten auf. Das Gremium
ist überwältigt, und man bietet
ihm sofort einen Vertrag an. Was
ihn schließlich zurückhält, ist
nicht so sehr Anhänglichkeit an
den Herzog, sondern das magere
Gehalt: über 30 Florin weniger als
in Weimar. Die Sache wendet sich
zu seinem Vorteil, als der Herzog,
der seinen Organisten nicht verlieren will, sein Gehalt bedeutend
aufbessert. Außerdem erhält
die Familie Zuwachs. Maria
Barbara ist so fruchtbar,

wie man es in der Zeit erwartet: In den
Weimarer Jahren bringt sie sechs Kinder zur
Welt – Zwillinge sterben 1713 –, darunter
drei Knaben, Wilhelm Friedemann,
Carl Philipp Emanuel und Gottfried
Bernhard, alles geborene Musiker.
        Nach der Hallenser Angelegenheit
wird Bach vom Herzog neben seinem
Organistenamt auch noch mit dem
des Konzertmeisters, d. h. Orchesterleiters, betraut – mit der Auflage,
jeden Monat eine neue Kantate zu
komponieren und aufzuführen.
So entstehen ab 1714 über 20 große
Kantaten, einige von ihnen auf Texte
des Dichters Salomo Franck, der
die herzogliche Bibliothek leitet.
Bach hat jetzt ein Dutzend exzellente Sänger und ein sehr gutes
Kammerorchester, das er von der
ersten Violine aus leitet, zur Verfügung.

Nach seiner Ernen-
nung zum Konzert-
meister am 2. März 1714
erlangt Bach in Wahr-
heit die Stellung eines
Orchesterleiters. Proben
und Aufführungen fin-
den nun im Emporen-
raum der Schloßkapelle
statt und nicht mehr bei
ihm zu Hause oder in
der Stadt.

Die Liebfrauenkirche
in Halle (links
unten) wird 1713 mit
einer neuen Orgel von
Christoph Cuncius aus-
gestattet.

Die Ursprünge der Orgel (griechisch organon = Werkzeug, Instrument) reichen bis ins 3. Jahrhundert v. Chr. zurück. Damals war die Orgel hydraulisch. Sie bleibt es bis zur Wende des 3. Jahrhunderts n. Chr., der Zeit, in der wahrscheinlich die pneumatische Orgel mit Blasebalg erfunden wird. Von den Griechen und Römern als weltliches Instrument gespielt, wird sie von den Kirchenvätern wie alle Musikinstrumente verbannt. Sie taucht in Europa erst im 8. Jahrhundert wieder auf – als Geschenk des byzantinischen Kaisers Konstantin V. an Pippin den Kleinen. Seit dem 10. Jahrhundert wird sie nachweislich im Kirchenraum verwendet, im 14. Jahrhundert kommt das Pedal hinzu. Seitdem gilt die Orgel als Instrument der Kirche schlechthin. Alle europäischen Länder tragen zu ihrer Entwicklung durch nationale Schulen bei, die sich seit der Renaissance entfalten: England, Italien und Spanien auf der einen Seite, die Länder nördlich der Alpen auf der anderen.

Vue perspective de l'intérieur
d'une Orgue de 16 pieds.

Die Orgel ist zugleich ein Blas- und ein Tasteninstrument. Ihr Klang entsteht dadurch, daß die Taste den Luftstrom freigibt. Die Luft (heute von einem elektrischen Gebläse in Umlauf gebracht) wird in großen Bälgen zusammengepreßt, wo sie durch ein abgeschlossenes Rohr, den Windkanal, gegen ein Holzbrett, die Schleiflade, getrieben wird. Die Schleiflade ist der Knotenpunkt aller Organe des Instruments; darüber befinden sich die Pfeifen; darunter sammelt sich die Luft in einem abgeschlossenen Raum, dem Windkasten. Im Innern des Windkastens unter der Pfeife wird durch das Drücken der Taste mittels langer, äußerst dünner Holzleisten, der Abstrakten, ein Ventil geöffnet. Indem er die Taste drückt, zieht der Organist die Abstrakte, das Spielventil öffnet sich und gibt den Luftstrom frei, der die Pfeife zum Klingen bringt. Welche der Pfeifen an ihn angeschlossen wird, bestimmt die Schleiflade je nach den gezogenen Registern.

Die musikalischen Bedingungen haben sich seit seinem ersten Aufenthalt in Weimar 1703 grundlegend verändert: Anstatt in der ungarischen Livrée mitzuspielen, dirigiert er nun das Orchester, Geige spielend oder mit einer Notenrolle den Takt schlagend.

Die Entdeckung der italienischen Konzertform.

Freundschaften werden geknüpft. Mit J. Matthias Gesner, einem außerordentlich kultivierten, hochgebildeten Mann, Konrektor des Weimarer Gymnasiums, der einer der glühendsten Bewunderer Bachs wird. Und mit einem seiner Kollegen, zugleich einem entfernten Verwandten, dem Organisten J. Gottfried Walther. In diesem bemerkenswerten Orgelkomponisten entdeckt Bach einen passionierten Musikforscher, begierig auf Neues und versessen auf italienische Musik. Beide transkribieren unermüdlich die Concerti der italienischen Meister: Archangelo Corelli, Giuseppe Torelli, Tommaso Albinoni, Benedetto Marcello und vor allem Antonio Vivaldi. Sie erfüllen damit einen Auftrag des Erbprinzen Johann Ernst, des jüngeren Neffen des Herzogs, der sich für Orgelbearbeitungen italienischer Violinkonzerte begeistert.

Als Form der Orchestermusik ist das Solokonzert damals noch neu. Vor Vivaldi haben Corelli und Torelli die Grundlagen gelegt. Doch das rhythmische Pulsieren, das dem Konzert eignet, und die Trennung zwischen den beiden Klangkörpern *tutti* und *solo* sind mehr eine Frage

Der 1684 geborene Walther (linke Seite) ist ein Vetter Bachs. 1707 wird er Organist an der Weimarer Stadtkirche.

Das Konzert für Orgel G-Dur (BWV 592, unten) beruht auf einem Violinkonzert des Prinzen J. Ernst von Sachsen-Weimar, der ein begabter Komponist ist, aber schon 1715, mit 18 Jahren, stirbt.

Das „Concerto nach Italienischem Gusto", wie Bach später sein Italienisches Konzert (BWV 971) für Cembalo solo nennt, wird in die deutsche Musikland-schaft von Komponisten wie Muffat eingeführt, einem großen Bewunderer Corellis. In der Vorrede zu seinem „Armonico tributo" von 1682 schreibt Muffat: „Wohl ist es wahr, daß mir zur größten Ermutigung die schönen Konzerte gereichten, die ich in diesem Genre zu Rom genossen habe, indem sie mir einige Ideen erweckten, die Dir (Leser), nicht mißfallen werden."

des Stils als der Form. Es ist Vivaldi, der Venezianer, der durch den blühenden Reichtum seiner Violinkonzerte den Dialog zwischen tutti und solo vereinheitlicht und ihn zur Grundlage der Gattung macht.

Vivaldi und die Sprache der Violine.

Bezaubert von Vivaldi, ist Bach ebenso fasziniert von den
Möglichkeiten, die sich aus der Übertragung der Konzert-
form auf ein einziges Instrument ergeben. Bei der Arbeit
an den Transkriptionen überzeugt er sich davon, daß
die Sprache der Violine, Vivaldis Stärke, ebenso schlüssig
auf Orgel- oder Cembalowerke angewendet werden kann.
1713/1714 fertigt er insgesamt 21 solcher Konzert-Transkrip-
tionen an: 16 für Cembalo und 5 für Orgel, nicht ohne
erhebliche Eingriffe in den originalen Notentext.

Durchtränkt von italienischer Musik, wird Bachs
eigene Schreibweise geschmeidiger und zugleich ausgewo-
gener. Die Italiener ver-
mitteln ihm neben dem
Charme ihrer Musik
Logik und Ökonomie
in der Ausarbeitung
eines musikalischen
Themas, Abrun-
dung und Reinheit
in der melodischen
Führung, Präzision
im harmonischen

Seit dem frühen
17. Jahrhundert sind
viele italienische
Komponisten
Geiger und oft
genug Virtuosen.
Die Spieltechnik der
damaligen Zeit steht
in nichts derjenigen
unserer großen Geiger
heute nach, und die
Zeitgenossen Vivaldis
(links) sind sich einig,
daß er ein Genie der
Violine ist. „Wie der
Barockstil schlechthin",
schreibt Nikolaus Har-
noncourt, „so ist auch
die Violine ein echt
italienisches Produkt,
und wie der Barock-
stil (in nationalen
Abwandlungen) nach
und nach ganz Europa
eroberte, so auch die
Violine, das Glanzstück
seines musikalischen
Instrumentariums."
(Musik als Klangrede,
1982)

Aufbau. Wenn er weder transkribiert noch bearbeitet, stellt Bach in seinen eigenen Kompositionen die Stile einander gegenüber: So verbin-
den Toccata, Adagio und Fuge C-Dur (BWV
564) den Stil der deutschen Toccata mit
dem des italienischen Concerto.

    Die berühmtesten Orgelwerke stam-
men aus der Zeit, als er zwischen 25 und
30 Jahre alt ist. Seinem Instrument
vertraut Bach den intimsten
Aufruhr seines heranreifenden
Genies an. Die bekannte
d-Moll-Toccata (BWV 565)
– deren Echtheit allerdings
umstritten ist und die man in
neuester Zeit sogar als Bearbei-
tung eines Werks für Solovioline
ansieht –, Präludium und Fuge a-Moll (BWV
543), Toccata und Fuge F-Dur (BWV 540), „dori-
sche" Toccata und Fuge d-Moll (BWV 538), Pas-
sacaglia und Fuge c-Moll (BWV 582): Alle sind
sie, ohne Ausnahme, Meisterwerke.

Freundschaften, Verwandtschaften.

Von Weimar aus reist Sebastian viel. Er gibt Konzerte, macht Besuche bei den Verwandten von
Jena bis Eisenach, wo er auch Georg Philipp Telemann
trifft. Fruchtbar und einfallsreich, ist Telemann der führende Komponist Deutschlands, ein allseits anerkannter
Vorreiter des Zeitgeschmacks. Außerdem ist er an allem
interessiert, von der Literatur bis zu harmonischen Spekula-
tionen oder den neuesten Verfahren des Notenstichs. Bach
freundet sich mit ihm so eng an, daß er Pate seines zweiten
Sohns Carl Philipp Emanuel wird. Die Schüler strömen
herbei, darunter hochbegabte. Zunächst junge Familien-
angehörige, die Bach aus Tradition unterrichtet: J. Lorenz,
Enkel von Georg Christoph Bach, und J. Bernhard, Sohn
des älteren Bruders aus Ohrdruf. Dann andere: zwei ausgezeichnete Organisten, J. Martin Schubart und J. Caspar
Vogler; ein Sänger, Tobias Krebs, der über sieben Jahre zu
Fuß aus seinem Dorf kommt, um bei Sebastian Stunden
zu nehmen. Mit seinen vier Kindern, mehreren Schülern
und einer Schwester seiner Frau, die bei ihnen lebt, gleicht
das Haus der Bachs einem Taubenschlag.

Im 17. Jahrhundert
erreicht der Geigenbau
seine Vollendung: mit
den Amati, Stradivari,
den Guarneri in Cre-
mona und Brescia und
Jacobus Stainer in
Absam, von dem Bach
eine Violine besitzt.

Georg Philipp Tele-
mann (1681 – 1767)
ist der angesehenste
Musiker seiner Zeit. Mit
12 Jahren schreibt er
seine erste Oper, spielt
Blockflöte, Violine und
Cembalo. 1737 begibt er
sich nach Paris, wo er
einen enormen Erfolg
feiert. Immer an der
Spitze der stilistischen
Entwicklung, beherrscht
er den italienischen
und den französischen
Stil perfekt und hat an
ihrer Mischung starken
Anteil.

„Orgel-Büchlein. Worinne einem anfahenden Organisten Anleitung gegeben wird."

Während des Jahrs 1717 arbeitet Bach an seinem Orgelbüchlein. In seinen Unterricht vertieft, ist er mehr und mehr darum besorgt, wie er sein Können an andere weitergeben kann. Das Orgelbüchlein ist das erste in einer ganzen Reihe bedeutender Studienwerke. Seine Widmung zeigt besser als alles andere Bachs Berufung zum Erzieher: „Dem Höchsten Gott allein zu Ehren / Dem Nechsten, draus sich zu belehren." Bach ist ein Vermittler. Grundlage der Kunst ist der neutrale Ort, von dem die schöpferische

Freiheit nur ausgehen kann: die Unterwerfung unter Gott. In dieser Auffassung zeigen sich die Lehren Luthers – die gründliche Lektüre der Evangelien, die Nachfolge Jesu – und erhält die Rolle des Erziehers ihren vollen Sinn: Annäherung an die Vollkommenheit durch Nachahmung. Bach fühlt sich fähig, die göttlichen Prinzipien in Musik umzusetzen, und tut es außergewöhnlich lebendig und frei. Seine Schüler lieben ihn, weil er versucht, in ihnen zu ent-

wickeln, was sie selbst in sich tragen. Sorgsam bemüht er sich, ihnen zu zeigen, wie man sich befreit und dennoch der Logik des musikalischen Diskurses treu bleibt.

„Das erste, was er hierbey that, war, seine Schüler die ihm eigene Art des Anschlags zu lehren."

C. Ph. Emanuel hat uns, aus Forkels Mund, ein genaues Zeugnis hinterlassen: „Zu diesem Behuf mußten sie mehrere Monate hindurch nichts als einzelne Sätze für alle Finger beyder Hände üben. Unter einigen Monathen konnte keiner von diesen Übungen loskommen, und seiner Überzeugung nach hätten sie wenigstens 6 bis 12 Monathe lang fortgesetzt werden müssen. Fand sich aber, daß irgend einem derselben nach einigen Monathen die Geduld ausgehen wollte, so war er so gefällig, kleine zusammenhängende Stücke vorzuschreiben, worin jene Übungssätze in Verbindung gebracht waren. Von dieser Art sind die 6 kleinen Präludien für Anfänger, und noch mehr die 15 zweystimmigen Inventionen. Beyde schrieb er in den Stunden des Unterrichts selbst nieder, und nahm dabey auf das gegenwärtige Bedürfnis des Schülers Rücksicht. (…) Mit dieser Fingerübung war die Uebung aller Manieren in beyden Händen verbunden."

Der Lexikograph J. Ludwig Gerber, dessen Vater Bachs Schüler in Leipzig war, berichtet: „Mein Vater rechnete die unter seine seligsten Stunden, wo sich Bach, unter dem Vorwande, keine Lust zum Informieren zu haben, an eines seiner vortreflichen Instrumente setzte und so diese Stunden in Minuten verwandelte." Voraussetzung ist freilich die Begabung des Schülers. Ein so wundervoller Lehrer Bach für die begabten Jungen war, so vollkommen ohne Wirkung blieb sein Unterricht bei den mittelmäßigen.

Wie waren die alten Fingersätze? Die Frage ist noch nicht restlos geklärt. Die Clavierpartituren werden selten mit Fingersätzen versehen, und ihr Gebrauch wechselt je nach Zeit und Ort. Die neueste These besagt, daß man nur die mittleren drei Finger verwendet; der Daumen und der kleine Finger werden nur für weite Griffe benutzt. Man spielt aufsteigende Tonleitern in der rechten Hand mit dem 2. und 3. Finger (Zeige- und Mittelfinger), indem man den 2. über den 3. setzt, umgekehrt in der linken Hand. Der Übersatz des 3. über den 4. Finger wird häufig praktiziert, nicht aber der Daumenuntersatz. Bach ist sicher nicht der erste, der den Daumen einsetzt, aber er vereinheitlicht seinen Gebrauch. Zum Wortführer dieser Lehre macht sich sein Sohn C. Ph. Emanuel mit seinem 1753 veröffentlichten „Versuch über die wahre Art, das Clavier zu spielen" (Auszüge daraus links).

Der Streit der Herrscher.

In Weimar hat Bach auch vornehme Schüler. So den
Prinzen Johann Ernst, jenen Neffen des Herzogs, der bei
ihm die Konzertbearbeitungen für Cembalo und Orgel in
Auftrag gibt. Sein Bruder Ernst August, der ältere Neffe,
ist rechtmäßiger Mitregent Wilhelm Ernsts. Zwischen ihm
und seinem Onkel kommt es zu einer folgenschweren
Auseinandersetzung. Bar jeder Diplomatie kritisiert Ernst
August offen das Regiment von Wilhelm Ernst.

Bach verbringt einen Großteil seiner Zeit im „Roten
Schloß", der Residenz des jungen Herzogs. Es herrscht dort
ein reges Musikleben. Ernst Augusts Freundschaft wird
verhängnisvoll für ihn. Wilhelm Ernst verbietet seinen
Musikern den Aufenthalt im Roten Schloß, um sein Mißfallen an dem losen Lebenswandel seines Neffen auszudrücken. Mit der ihm eigenen Unbefangenheit weigert sich
Bach, von diesem Verbot Notiz zu nehmen. Er geht zu
weit. Verärgert findet der Herzog bald ein Mittel, seinen
Konzertmeister zu demütigen.

1716 stirbt der alte *Kapellmeister* Drese. Nach
aller Regel müßte die Stelle Sebastian zufallen.
Doch der Herzog ernennt, nachdem er vergeblich
versucht hat, sich der Dienste Telemanns zu
versichern, den Sohn Dreses, Johann, einen
völlig bedeutungslosen Musiker. Bach ist tief
gekränkt. Noch offener als bisher bekennt
er sich zum jungen Herzog und hört auf,
Kantaten für Wilhelm Ernst zu schreiben.
Unfähig, im Trüben zu fischen, will Sebastian seinen Dienst in Weimar quittieren.
Die Gelegenheit dazu ergibt sich
bald. Im August 1717 bietet ihm
Fürst Leopold von Anhalt-
Köthen, ein Schwager Ernst
Augusts, eine Stelle als Kapellmeister an. Bach nimmt sofort an.
Noch bevor er die Demission aus
Weimar erhalten hat, bringt er seine Familie
in Köthen unter. Im September hält er sich in
Dresden auf, um dort den berühmten Organi-
sten und Komponisten Louis Marchand zu
treffen.

Ernst August
folgt seinem
Vater 1728 auf
dem Thron des
Herzogtums
Sachsen-Weimar.

Duell à la française.

Aus dem Treffen mit Marchand wird ein Wettstreit.
Die Aussicht auf ein Duell zwischen dem Franzosen
und dem Deutschen zieht viele Schaulustige an.
Aber als Bach sich vor den Zuhörern einfindet, ist
sein Gegner verschwunden. Marchand hat es vorgezogen, die Stadt „in aller Frühe mit Extrapost" zu verlassen. Als kampfloser Sieger gibt Sebastian ein un-
vergeßliches Konzert. Die Ovationen des Dresdener
Publikums noch in den Ohren, kehrt er nach Weimar
zurück, um die Formalität seiner Entlassung zu regeln.
Sein Schüler Schubart übernimmt seine Stelle.

Sebastian hat die Höhe seiner Bezüge beim Fürsten
von Anhalt-Köthen geltend gemacht. Alles scheint nach
Maß zu laufen ... Doch der Herzog sieht die Sache ein
wenig anders. Außer sich vor Wut „wegen seiner Halßstarrigen Bezeugung und zu erzwingenden dimission", läßt er
seinen Organisten arretieren und hofft, daß er nachgeben
werde. Da kennt er seinen Bach schlecht. Friedlich,
aber beharrlich verbringt der einen knappen Monat, vom
6. November bis zum 2. Dezember, im Gefängnis: mit
den Korrekturen der 46 Choräle des „Orgelbüchleins". Der
Herzog erkennt, daß er nichts erreicht, und entläßt ihn
schließlich – „mit angezeigter Ungnade".

Der Virtuose Louis
Marchand (1669 –
1732) aus Lyon ist zehn
Jahre Organist des fran-
zösischen Königs, bevor
er 1717 seine Tournee
durch Deutschland
unternimmt, deren
ruhmlose Dresdener Epi-
sode in die Annalen ein-
geht. In Paris wird er
dann Organist bei den
Franziskanern.

VIERTES KAPITEL

BRANDENBURGISCHES KONZERT

Zur Taufe von Bachs siebtem Kind am 17. November 1718 findet sich eine erlauchte Schar von Paten in Köthen ein: Fürst Leopold, seine Geschwister und zwei Mitglieder des Hochadels. Diese Versammlung allein belegt das Prestige von Sebastians neuer Stellung. Er ist mit dem neun Jahre jüngeren Fürsten befreundet. Sein Kapellmeistergehalt von 400 Talern jährlich kommt dem eines Hofmarschalls gleich.

Die kleine sächsische Stadt Köthen, die bei Bachs Ankunft 5000 Einwohner zählt, ist seit 1603 die Hauptstadt eines kleinen Fürstentums, das aus der Aufteilung des Herzogtums Anhalt hervorgegangen ist. Das Schloß ist geräumig, gefällig, wohlproportioniert, mit einem großen Innenhof und umgeben von herrlichen französischen Gärten.

Bachs neues Amt schließt liturgische Pflichten praktisch aus: Der Köthener Hof ist calvinistisch. Fürst Leopold ist ein liberaler, aufgeklärter Herrscher, der seinen Untertanen die freie Ausübung ihrer Religion nicht verbietet: Bach wäre sonst erst gar nicht nach Köthen gegangen. Doch obwohl Bach den Titel „Kapellmeister" erhält, trägt das Ensemble, das ihm zur Verfügung steht, den gänzlich profanen Namen „Collegium musicum".

Es ist ein ausgezeichnetes Orchester, bestehend aus 16 Musikern, von denen viele aus der Berliner Hofkapelle stammen, die der „Soldatenkönig" Friedrich Wilhelm I. 1713 aufgelöst hat: drei Geiger, je ein Cellist, Kontrabassist, Oboist, Fagottist, Pauker und Organist sowie je zwei Flötisten und Trompeter, dazu noch drei „Ripienisten". Bach selbst übernimmt den Bratschenpart.

In Köthen ist alles Musik.

Leopold von Anhalt bringt seinem Kapellmeister ein leidenschaftliches Interesse entgegen. Inspiriert

Fürst Leopold ist der Sohn von Gisela Agnes von Rath, deren lutherischer Glaube den strengen Calvinismus im Fürstentum mildert.

durch die neuen Möglichkeiten, die sich ihm bieten, und wie immer angeregt durch den Ortswechsel, komponiert Bach ausgiebig. Die Werke sind zum einen für „Orchester" bestimmt, wie Ouvertüren und Konzerte, zum anderen für die Kammervirtuosen des Fürsten oder, im Fall der Clavierwerke, für ihn selbst und seine Schüler: Sonaten, Partiten und Suiten. Auf der einen Seite die Hofmusik, glänzend und gelehrt, auf der anderen die Hausmusik, Frucht intensiver Überlegungen Bachs und seiner Abende im Kreis der Familie.

Ein großer Teil der Werke aus dieser Zeit ist unglücklicherweise verloren. Doch was uns geblieben ist – die 24 Präludien und Fugen des „Wohltemperierten Claviers I",

Fürst Leopold ist auch ein vollendeter Musiker. Er spielt Geige, Gambe und Cembalo und singt Baß. Bach übertreibt nicht, wenn er ihn später als „einen gnädigen und Music sowohl liebenden als kennenden Fürsten" bezeichnet.

Die Proben des „Collegium musicum" werden in der Stadt abgehalten, u. a. in Bachs Haus. Zu den 16 besoldeten Musikern kommen Sänger und Instrumentalisten als Gäste.

Sonata a 4 ... Violino Solo se

das „Clavierbüchlein vor Friedemann", die 6 „Französischen Suiten", die 6 „Brandenburgischen Konzerte", die 6 Sonaten für Violine und obligates Cembalo sowie die 13 Sonaten, Partiten und Suiten für Violine, Violoncello und Flöte solo –, genügt vollauf, um die außergewöhnliche Fruchtbarkeit der Köthener Zeit zu belegen. (Manche Werke, von denen man früher glaubte, sie seien schon in Köthen entstanden, werden heute in die Leipziger Zeit datiert, wie die 4 Orchestersuiten, die Sonaten für Flöte bzw. Gambe und obligates Cembalo, das a-Moll-Violinkonzert und das d-Moll-Doppelkonzert für 2 Violinen. Sie gehen jedoch zum Teil auf ältere Köthener Stücke zurück.)

Der tiefreligiöse Bach – Musiker an einem Hof, an dem nur weltliche Musik gemacht wird.

Musik ist nur „religiös" in dem Maß, in dem sie sich liturgischen Regeln unterwirft. Statt von religiöser Musik sollte man besser von „sakraler" sprechen: eine Musik, die der Mensch seinem persönlichen Gebrauch entzieht, um sie Gott zu weihen. Bach ist stark von diesem Bewußtsein geprägt: Für ihn nimmt die Musik, profan oder sakral, am Universum des Glaubens teil. In diesem Licht muß man die Wahl Köthens und ihr Paradox sehen – ebenso paradox, wie einen Posten zu wählen, in dem er nicht mit der Orgel in Berührung kommt, obwohl

für Bach, wie man weiß, die Orgel die „Königin aller Instrumente" ist, wie geschaffen, um die Ehre Gottes zu verkünden. Sie ist auch das ideale Instrument für einen Komponisten, der die polyphone Schreibweise zum Angelpunkt seines Schaffens macht. Auch hier spielt Bach in Köthen mit einem Paradox: Seine größten Werke für Melodieinstrumente solo, also für eine unbegleitete Stimme, sind wie für polyphones Instrumentarium geschrieben; als könnten sie die Orgel gedacht sein. (In der Tat haben sich einzelne von ihnen in Übertragungen für Orgel, Cembalo und Laute erhalten.) In den Sonaten

Die ungewöhnliche Schwierigkeit, die sowohl die Geigensonaten und -partiten Bachs als auch seine Cellosuiten auszeichnet, setzt die Anwesenheit virtuoser Instrumentalisten voraus. Für die ersteren kommen zwei Namen in Frage: J. Georg Pisendel, der damals als Deutschlands größter Geiger gilt, selbst Autor eines Werks für Violine solo, Schüler Vivaldis und mit Bach seit 1709 befreundet, sowie J. Spiess, Konzertmeister in Köthen. Man darf jedoch nicht vergessen, daß Bach selbst bewundernswert gut Violine spielt und daß er dieser Fähigkeit seine erste Anstellung verdankt. Die technischen Schwierigkeiten der Werke haben früher zu der irrigen These verleitet, es habe damals für das Doppelgriffspiel einen besonderen Bogen, den sogenannten Rundbogen, gegeben. In Wirklichkeit gehören Akkordgriffe seit Heinrich Ignaz Franz Biber und J. Paul von Westhoff zum Rüstzeug deutscher Geiger. Die Adressaten der gleichermaßen heiklen Cellosuiten sind wahrscheinlich der Cellist Christian Bernhard Linigke und der Gambist und Cellist Christian Ferdinand Abel, beide in Köthener Diensten.

A.D.

LVII　*Violone*

Pardessus de Viole
a 5 Cordes.
Page 308.

Quinte ou Alto
a 4 Cordes.
Page 304.

Viole d'Amour
a 7 Cordes.
Pag. 307.

In der Renaissance entstanden die beiden großen Familien der Streichinstrumente: Viola da gamba und Viola da braccio. Die Viola da gamba wurde, wie ihr Name sagt, „auf dem Bein" (it. gamba) gespielt. Sie hatte sechs, später sogar sieben Saiten, die im Abstand von Quarten (mit einer Terz in der Mitte) gestimmt wurden. Zu ihrer Familie gehören auch Pardessus de viole, Viola d'amore und Violone (linke Seite). Die Viola da braccio wurde auf dem Arm (it. braccio) gespielt. Sie hatte vier im Abstand von Quinten gestimmte Saiten. Aus ihr haben sich unsere modernen Streichinstrumente entwickelt, Violine, Viola und Violoncello. Weitere bauliche Eigenarten unterscheiden die beiden Familien. So haben die Gambeninstrumente im Gegensatz zur Violinfamilie Bünde am Griffbrett, einen leichteren Resonanzkörper und geringere Saitenspannung. Dadurch ist ihr Ton feiner als der der Violinen. Letztere traten im 17. Jahrhundert durch den Fortschritt des Geigenbaus und den Einfluß der italienischen Schule ihren Siegeszug an. Ein Jahrhundert später wurde die Gambe auch als Tenorinstrument vom Violoncello verdrängt.

und Partiten für Violine und den Cellosuiten läßt er das
Instrument allein singen, ohne jede harmonische Stütze,
und vertraut ihm doch die denkbar komplexeste musikalische Botschaft an: die einer Polyphonie zu zwei, drei,
vier Stimmen, auch dort, wo er de facto nur eine Stimme
zur Verfügung hat; dann erzeugt er eine Scheinpolyphonie.
In den Fugen der ersten Violinsonate in g-Moll (BWV
1001) und der fünften Cellosuite in c-Moll (BWV 1011)
etwa wechseln strengstimmige Abschnitte mit bloß sug-
gerierter Mehrstimmigkeit ab, ohne daß der Hörer das
Fehlen von Stimmen jemals bemerken würde.

Der Aufenthalt in Köthen ist glücklich, so scheint es.

Außer der Befriedigung, die ihm seine neue Anstellung
verschafft, sind seine Kinder für Sebastian eine Quelle der
Zufriedenheit. So schildert er es später seinem Jugendfreund Georg Erdmann: „Insgesamt aber sind sie gebohrne
Musici, u. kan versichern, daß schon ein Concert Vocaliter
und Instrumentaliter mit meiner Familie formiren kan."
Das Bild eines strengen, zurückgezogenen Bach hat nichts
mit dem Mann zu tun, der er zweifellos gewesen ist:
zu Hause arbeitend, ein Baby zwischen den Knien, im
„Bienenstock" und von Besuchern heimgesucht. Ein
schäumen des Lebens, das ihn nicht hemmt, sondern im
Gegenteil beflügelt. Eines seiner Lieblingsspiele ist, sich
mit seinen Kindern an die Cembali zu setzen und alle
auf einmal loszuspielen, jeder in einer anderen Tonart.
Oft, die Familientradition will es so, enden diese „Sessions"
mit einem Quodlibet, einem improvisierten Stück, in
dem die unterschiedlichsten Volkslieder durcheinander-
gespielt werden.
     Doch von allen Kindern ist Friedemann das begabte-
ste – „mein lieber Fried", wie ihn sein Vater nennt. Bach,

Clavier – Büchlein.
vor Wilhelm Friedemann Bach.

Das „Clavierbüchlein"
enthält 63 Kompo-
sitionen. Fünf von ihnen
sollen Werke des kleinen
Friedemann sein, drei
die eines französischen
Komponisten, drei wei-
tere von Telemann oder
Gottfried Heinrich Stöl-
zel stammen.

der sich in seinem Ältesten – ganz Musiker – wiederfindet,
verwendet auf dessen Ausbildung besondere Sorgfalt. Für
den Neunjährigen legt er 1720 das „Clavierbüchlein vor
Wilhelm Friedemann Bach" an.

Das „Clavierbüchlein".

Zum Teil von Bach selbst, zum Teil von dem Kind geschrieben, beginnt es wie ein Handbuch, das auf die Bedürfnisse eines Anfängers zugeschnitten ist. Auf der ersten Seite gibt Bach eine vollständige Erklärung der Notenzeichen und Schlüssel: Er erwartet, daß Friedemann sich mit einem Umfang von vier Oktaven und nicht weniger als sieben verschiedenen Schlüsseln vertraut macht. Dann erklärt er im Detail die Art und Weise, in der die Verzierungen ausgeführt

Bach und drei seiner Söhne, von denen die beiden ältesten, W. Friedemann und C. Ph. Emanuel, nach Forkel „schon von ihrer ersten Jugend an Gelegenheit hatten, im väterlichen Hause nichts als gute Musik zu hören".

werden, und schreibt den Gebrauch des Daumens vor.
Schließlich folgt ein Stück zur applicatio, zur Anwendung
der Verzierungen und des Fingersatzes. Stück für Stück
läßt sich der Vater indes vom schöpferischen Elan hinrei-
ßen. Die folgenden Seiten geben einen Eindruck von den
hohen Fähigkeiten des kleinen Musikers: Das „Clavierbüchlein" wird, außer mit Stücken von Friedemann selbst,
mit Frühfassungen einiger Präludien aus dem „Wohltemperierten Clavier I", der zwei- und dreistimmigen Inventionen enden. In einer 1722 für seine zweite Frau an-
gelegten ähnlichen Sammlung ist außerdem eine Form
enthalten, die in den Köthener Jahren sehr wichtig wird:
die Cembalosuite.

Bachs Kompositionsunterricht ist weniger trocken
als die unvermeidlichen Fingerübungen am Instrument.
Er lehrt den Schüler die elementaren Akkordverbindungen
des sogenannten Generalbasses, um ihn gleich darauf ins
kalte Wasser zu werfen und passende Gegenstimmen erfin-
den zu lassen. Allerdings gewöhnt er den Schüler daran,
am Tisch zu komponieren – wie er es selbst tut – und sich
nicht mit dem Klavier zu behelfen, damit er sein inneres
Gehör entwickelt. Man solle sich eine Unterhaltung unter
lebenden Personen vorstellen, pflegt er zu sagen. Jede
Stimme hat ihre Farbe, ihre eigene „Persönlichkeit". Und
dennoch ist der Gegenstand der Unterhaltung allgemein.

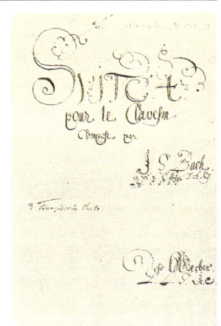

Die Suite gibt es seit der Renaissance. Im 17. Jahrhundert verleiht ihr J. Jakob Froberger am Cembalo die viersätzige Standardform. Im 18. Jahrhundert kommen zusätzliche Tänze hinzu. In dieser gemischten Form schreibt Bach seine Köthener und Leipziger Suitenzyklen (oben eine der „Französischen Suiten").

„Hierauf führte er seine Schüler sogleich an seine eigenen größern Arbeiten, an welchen sie, wie er recht gut wußte, ihre Kräfte am besten üben konnten. Um ihnen die Schwierigkeiten zu erleichtern, bediente er sich eines vortrefflichen Mittels, nehmlich: er spielte ihnen das Stück, welches sie einüben sollten, selbst erst im Zusammenhange vor, und sagte dann: So muß es klingen. "
Forkel, 1802

Ein Schicksalsschlag.

In diesen fruchtbaren und gesegneten Köthener Boden
gedenkt Bach – wie wir aus seinem Brief an Erdmann wissen –, den Baum eines langen Lebens voller Musik und
Familienglück zu pflanzen. Das Schicksal will es anders.
Im Mai 1720 begleitet er seinen Fürsten nach Karlsbad.
Der böhmische Kurort ist ein beliebter Treffpunkt der
Fürsten, die sich dort gegenseitig mit ihren Hofmusiken
unterhalten. Bei Bachs Rückkehr zwei Monate später erwartet ihn ein Bild der Trostlosigkeit. Maria Barbara ist plötzlich gestorben. Sie wurde zehn Tage vorher beerdigt.
Die vier Kinder sind allein. Die Älteste, Catharina Dorothea, ist 11 Jahre alt, Wilhelm Friedemann 9, Carl Philipp 6
und Gottfried Bernhard 5. Obwohl mit dem Tod vertraut,
den das Zeitalter für eine Offenbarung der göttlichen
Vorsehung hält, fühlt Bach einen vernichtenden Schmerz.
Ist es ein Zufall, wenn ihn in dieser Situation die Sehn-
sucht nach geistlicher Musik ergreift?

Bei den täglichen
Kammerkonzerten
übernimmt Leopold die
Gambe, wenn er nicht
Baß singt oder am Cem-
balo Continuo spielt.
Das Schloß ist voll von
herrlichen Instrumen-
ten, die er von seinen
Reisen durch Italien
und Deutschland mit-
gebracht hat. Auch
Bach wird mit der An-
schaffung von Instru-
menten beauftragt. So
kauft er 1719 in Berlin
bei Michael Mietke ein
großes zweimanualiges
Cembalo, für das er
wahrscheinlich sein
5. „Brandenburgisches
Konzert" schreibt.

Als er hört, daß in Hamburg an der Jakobikirche eine Stelle frei ist, bewirbt er sich. An diesem Tag, dem 21. November 1720, ist der 97jährige Reincken in der Kirche. Für ihn, den Meister, den Bach zwei Jahrzehnte zuvor so bewundert hat, improvisiert er über denselben Choral „An Wasserflüssen Babylon", über den er ihn selbst in so glänzender Manier hat phantasieren hören. Bach spielt lange, baut prachtvolle harmonische Architekturen, spult Sechzehntelpassagen ab. Am Ende kommt Reincken überwältigt auf ihn zu, reicht ihm die Hand und sagt: „Ich dachte, diese Kunst wäre gestorben, ich sehe aber, daß sie in Ihnen noch lebet." Trotzdem bekommt Bach die Stelle nicht, denn in Hamburg ist es Brauch, wie damals durchaus üblich, daß der Posten an den Meistbietenden vergeben wird. Wörtlich: Es solle „die Capacitaet des Subjecti mehr als das Geld consideriret werden. Wann aber nach geschehener Wahl, der Erwehlte aus freyen Willen eine Erkäntlichkeit erzeigen wolte, könte solche (…) der Kirchen zum Besten angenommen werden". Man kann nicht deutlicher werden.

Bach ist tief empört und zieht sich zurück, nicht allerdings, ohne in einem wohlgesetzten Brief seine Gefühle und Gedanken ausgedrückt zu haben. Leider ist dieser Brief verlorengegangen. Die Affäre hat wohl großes Aufsehen erregt, da der Pastor der Kirche, Erdmann Neumeister – er ist uns schon als Kantatendichter Bachs begegnet –, in einer markigen Aus-

Bach bewirbt sich weniger wegen der Orgel der Jakobikirche (links), sondern vor allem wegen des Ansehens Hamburgs als einer Hauptstadt der deutschen Musik.

„Ich erinnere mich, daß vor einigen Jahren ein gewisser grosser Virtuose (…) sich in einer nicht kleinen Stadt zum Organisten angab (…); es meldete sich aber auch zugleich (…) eines wohlhabenden Handwercksmannes Sohn an, der besser mit Thalern, als mit Fingern, praeludiren kunnte, und demselben fiel der Dienst zu, wie man leicht erachten kann."
Mattheson, 1728

Erdmann Neumeister (unten).

legung des Weihnachtsevangeliums öffentlich seine Miß-
billigung zeigt: „Er glaube ganz gewiß, wenn auch einer
der Bethlehemitischen Engel vom Himmel käme, der göttlich spielte, und wollte Organist zu S. Jacobi werden, hätte
aber kein Geld, so möchte er nur wieder davon fliegen." In
der Tat ist das Spiel des mittelmäßigen Organisten Joachim
Heitmann weit davon entfernt, göttlich zu sein. Aber er
zahlt 4000 Mark ein. Der Posten fällt ihm zu.

Die Brandenburgischen Konzerte.

In den Köthener Tagen, die auf den Tod seiner Frau folgen,
hat sich Bach in die Arbeit gestürzt. Im Winter 1720/1721
legt er letzte Hand an die „Brandenburgischen Konzerte",
so genannt nach dem Markgrafen Christian Ludwig von
Brandenburg, dem sie gewidmet sind, einem Onkel des
„Soldatenkönigs" und großen Musikliebhaber. In einer
eigenhändigen Widmungspartitur übersendet sie Bach am
24. März. Es sind Konzerte nicht für einen, sondern für
mehrere Solisten. Der rein technische Titel, den Bach der

Bach gibt sein Probe-
spiel einige Tage vor
dem 28. November, dem
Tag des öffentlichen
Wettspiels.

„Während dieser Zeit
(…) that er eine Reise
nach Hamburg, und ließ
sich daselbst, vor dem
Magistrate, und vielen
andern Vornehmen der
Stadt, auf der schönen
Catharinenkirchen
Orgel, mit allgemeiner
Verwunderung mehr als
2 Stunden lang, hören.
Der alte Organist an die-
ser Kirche, Johann Adam
Reinken, der damals bei-
nahe hundert Jahre alt
war, hörete ihm mit be-
sonderem Vergnügen zu. "
Nekrolog, 1754

Sammlung gibt, lautet: „Six Concerts avec plusieurs instruments", sechs Konzerte mit mehreren (Solo-)Instrumenten. Eine zyklische Einheit bilden sie paradoxerweise gerade durch ihre Vielfalt. Ihre jeweils andere Besetzung und stilistische Anlage machen die „Brandenburgischen Konzerte" zu einer Art Enzyklopädie des Konzertgenres.

Der Name „Brandenburgische Konzerte" ist nicht original, sondern wird ihnen erst 1873 von dem Bach-Biographen Philipp Spitta verliehen.

Da diese Musik für den Hof bestimmt ist, bemüht sich Bach, einen immer wieder neuen musikalischen Diskurs zu finden – daher der Eindruck verschwenderischer, sprudelnder Fülle: italienischer Gusto, französischer Goût, deutsche Strenge, Polyphonie und Homophonie, Tanzsätze und kontrapunktische Formen lösen sich mit *Brio* ab. Auch Kirchen- und Kammerstil gehen eine glückliche Verbindung ein. Und die Effekte der Instrumentierung wechseln dergestalt, daß sie die unterschiedlichsten Timbres zur Geltung bringen. Die Besonderheiten in der Struktur jedes einzelnen Konzerts zeigen, daß es Bach darum geht, den Köthener Hofmusikern eine Musterkollektion von Übungen in höchster Virtuosität

Nicht nur die sechs Konzerte selbst bleiben am Hof des Markgrafen unbeachtet, sondern auch ihre kostbare autographe Partitur, die in einem Regal der Bibliothek in Vergessenheit gerät. Erst 30 Jahre nach dem Tod des Markgrafen taucht sie 1754 im Besitz der Prinzessin Amalie von Preußen, einer Schwester Friedrichs des Großen, wieder auf. Amalies Musiklehrer Kirnberger war einer von Bachs Lieblingsschülern.

vorzulegen. Heute nimmt man an, daß der Zyklus aus älteren Weimarer und Köthener Stücken zusammengestellt wurde (z. B. der Sinfonia zur sogenannten „Jagdkantate" von 1713) und für die Köthener, nicht die Berliner Kammervirtuosen gedacht war.

Nur für das „Italienische Konzert", die „Französische Ouvertüre" und die „Goldbergvariationen" gibt Bach das Tasteninstrument für seine „Clavierwerke" an.

Das „Wohltemperierte Clavier", ein Gipfel der Clavierliteratur.

Auch das „Wohltemperierte Clavier", an dem Bach im folgenden Winter arbeitet, enthält eine bestimmte Anzahl älterer Stücke, darunter jene 11 Präludien, deren Frühfassungen im „Clavierbüchlein" enthalten sind. Die neue Sammlung besteht aus 24 Präludien, jeweils gefolgt von einer Fuge. Jedes Paar steht in einer anderen Tonart, die Tonarten sind in der Reihenfolge der chromatischen Tonleiter aufsteigend geordnet, wobei jeweils auf ein Durpaar das Mollpaar desselben Grundtons folgt, also C-Dur, c-Moll, Cis-Dur, cis-Moll etc. Zu dem ungewöhnlichen Namen der Sammlung wird Bach durch ein neues System der Stimmung oder Temperatur der Tasteninstrumente angeregt, das um 1700 aufkam. Statt wie in der *mitteltönigen Stimmung* des Frühbarock die Terzen rein zu stimmen, wodurch nur bestimmte Tonarten überhaupt spielbar sind, geht man zu Stimmungen über, die es erlaubten, in allen 24 Tonarten zu musizieren. Dabei erhalten aber noch nicht, wie heute, alle zwölf Halbtöne der Oktav den gleichen Tonabstand. Bachs „wohltemperiert" bedeutet nicht „gleichschwebend", wie man früher glaubte, sondern bezieht sich auf

Aus physikalischen Gründen kann man die Intervalle auf Tasteninstrumenten nicht rein stimmen. Daraus ergaben sich verschiedene Systeme der Stimmung („Temperatur"). Die gleichschwebende Stimmung, die Unterteilung der Oktav in zwölf gleiche Halbtöne, war zu Bachs Zeit noch nicht üblich. Im Barock gebrauchte man zunächst die mitteltönige Stimmung, mit rein gestimmten Terzen. In ihr konnte man nur eine begrenzte Anzahl von Tonarten gebrauchen. Erst um 1700 fanden Theoretiker Stimmungen, die das Spiel in entlegenen Tonarten erlaubten.

In der ersten Hälfte des
18. Jahrhunderts waren
die beliebtesten Tasten-
instrumente das Cem-
balo – ebenso wesentlich
als Continuo-Instrument
wie für brillantes Solo-
spiel – sowie das Clavi-
chord, das durch seinen
feinen, leisen Ton eher
intime melodische Wir-
kungen hervorbringt.
Sie entstammen unter-
schiedlichen Instrumen-
tenfamilien. Beim Cem-
balo, Spinett und Virgi-
nal wird die Saite von
einem Federkiel angeris-
sen, beim Clavichord
wird sie angeschlagen,
ebenso wie beim Ham-
merflügel, dem Vorläu-
fer unseres modernen
Klaviers, den Bach am
Ende seines Lebens
noch kennenlernte.

Mischstimmungen, die er von Theoretikern wie Andreas Werckmeister übernehmen kann.

1722 ist die Sammlung abgeschlossen: „Das Wohltemperierte Clavier oder Praeludia, und Fugen durch alle Tone und Semitonia, so wohl tertiam majorem oder Ut Re Mi anlangend, als auch tertiam minorem oder Re Mi Fa betreffend. Zum Nutzen und Gebrauch der Lehrbegierigen Musicalischen Jugend, als auch der in diesem studio schon habil seyenden besonderem ZeitVertreib." Trotz seiner spieltechnischen Anforderungen erlangt das Werk bald große Berühmtheit. Bach läßt ihm zwischen 1738 und 1742 einen zweiten Teil folgen, der nach den gleichen Prinzipien aufgebaut ist.

Anna Magdalena Bach, 20 Jahre alt und „ein gar sauberer Sopran".

Es entspricht nicht dem Brauch der Zeit, lange Witwer zu bleiben, zumal mit kleinen Kindern. Sebastian denkt daran, sich eine neue Gefährtin zu suchen. Er hat ein Auge auf Anna Magdalena Wilcke geworfen, die Tochter eines Hoftrompeters. Anna Magdalena wird ihm die ideale Gattin sein. Doch für diese blutjunge Frau ist der Preis hoch: den Kapellmeister Bach heiraten heißt, für vier Kinder zu sorgen, von denen das älteste schon 12 ist. Die Hochzeit findet im Dezember 1721 statt. Von Anna Magdalena wissen wir wenig: Ein Portrait, das angeblich Sebastian hat anfertigen lassen, ist verloren; ihre unzweifelhafte Sanftmut, die sich selbst an Kleinigkeiten offenbart; ihre Stimme, „ein gar sauberer Sopran", sagt Sebastian. In jedem Fall ist es vor allem Anna Magdalena zuzuschreiben, wenn die Gäste bei den Bachs eine warme und familiäre Aufnahme finden. Diese treu liebende Frau, ganz Musikerin, ist ihrem Gatten

Im zweiten Klavierbüchlein für Anna Magdalena Bach von 1725 steht das berühmte Lied: „Bist du bei mir, geh ich mit Freuden/ zum Sterben und zu meiner Ruh./ Ach, wie vergnügt wär so mein Ende./ Es drückten deine schönen Hände/ mir die getreuen Augen zu." Die Musik dazu stammt von Gottfried Heinrich Stölzel.

Am 11. Dezember 1721, acht Tage nach Bachs Hochzeit, heiratet Fürst Leopold in Bernburg seine Cousine Friederica Henrietta von Anhalt-Bernburg (unten). Über fünf Wochen dauern die Feierlichkeiten, zu denen Bach die eine oder andere Glückwunschkantate und sicher eine Menge Instrumentalmusik beisteuert.

sein ganzes Leben lang eine Stütze. Sie verbringt lange Abende damit, bei Kerzenlicht seine Musik zu kopieren, trotz der zahllosen anderen Aufgaben, die sie belasten.

Die Musik fällt in Köthen in Ungnade.

Zu dieser Zeit tritt eine entscheidende Wende im Leben der Neuvermählten ein. Kurz nach ihrer Hochzeit heiratet Fürst Leopold eine Prinzessin von Anhalt-Bernburg. Sie scheint, nach Bachs Worten und zu seinem Unglück, „eine amusa zu seyn". Nach und nach wird die Musik aus dem Kreis der Aktivitäten des Fürsten verbannt, der sie so schätzte. Leopold ändert unmerklich seine Einstellung gegenüber seinem Kapellmeister: Als „etwas laulicht" bezeichnet sie Bach jetzt, der ein weiteres Mal daran denkt, die Stellung zu wechseln.

    In Wahrheit sind es andere Überlegungen, die ihn veranlassen, den kleinen Hof zu verlassen: der Wunsch, seinen Söhnen ein Studium an der Universität zu ermöglichen; der Wille, wieder geistliche Musik zu schreiben. Zu diesem Zweck muß er Musikdirektor in einer Stadt werden.

Im Mai 1723, zum Zeitpunkt der Übersiedlung nach Leipzig, hat Bach fünf Kinder: Catharina Dorothea ist 14, Wilhelm Friedemann 12, C. Ph. Emanuel 9, J. Gottfried Bernhard 8, Christiana Sophia Henrietta wenige Monate alt (sie stirbt schon 1726). Zwischen 1724 und 1742 werden zwölf weitere Kinder geboren, von denen nur fünf das sechste Lebensjahr erreichen. Die drei mitgerechnet, die Maria Barbara verliert, hat Bach insgesamt 20 Kinder, von denen zehn überleben.

FÜNFTES KAPITEL

DER THOMASKANTOR

Am 5. Juni 1722 stirbt in Leipzig der Kantor der Thomasschule, Johann Kuhnau. Als Bastion des Protestantismus, als angesehene Universitätsstadt mit 25 000 Einwohnern ist Leipzig zugleich ein bedeutendes Zentrum der Musik. Der Thomaskantor ist auch Director musices an den Hauptkirchen der Stadt und erfreut sich eines Prestiges, das ein ganzes Geschlecht großer Kantoren seit der Gründung der Schule 1212 befestigt hat. Bach bewirbt sich.

Leipzig ist ein wirtschaftlicher Umschlagplatz ersten Ranges, dessen berühmte Messe dreimal im Jahr ungeheure Menschenmassen anzieht. Ursprünglich eine romanische Kirche aus dem 13. Jahrhundert, wird die Thomaskirche (links) im 15. Jahrhundert gotisiert. Ihr besonders geräumiges Dach ergibt ein Raumvolumen, das Bach als genialer Kenner der Akustik in seiner geistlichen Musik bewundernswert ausnutzt.

Die Entscheidung fällt ihm nicht leicht. Er braucht ein halbes Jahr, bis er seine Bewerbung einreicht. Die Stelle ist sicher attraktiv, aber voller Tücken. Hat er in Köthen nur einen Meister und Freund, Fürst Leopold, sind es in Leipzig mehr als 20 Vorgesetzte, die sich aus dem Rat der Stadt und dem geistlichen Konsistorium rekrutieren. Endlose Schwierigkeiten stehen bevor, und Bach ahnt es. Außerdem ist das Grundgehalt viel niedriger als in Köthen: 100 Taler pro Jahr, kaum ein Viertel von dem, was er bei Fürst

Leopold verdient. Hinzu kommen die sogenannten „Akzidentien", Nebeneinkünfte aus Hochzeiten und Begräbnissen, sowie ein Viertel des wöchentlichen Schulgelds von zwölf Groschen, das die Internats-

schüler bezahlen; des weiteren Gelegenheitskompositionen, Unterhalt und Reparatur der Instrumente und Orgelgutachten. Das bedeutet nicht Elend, ist aber bescheiden für eine Familie mit fünf Kindern, die sich in den nächsten zehn Jahren um ein Kind pro Jahr vergrößern wird.

Unter diesen Umständen kann man fragen, warum sich Bach überhaupt um den Posten bemüht. Die Tatsache, daß er sich selbst diese Frage so oft stellt, bildet den Hintergrund aller Leipziger Jahre: Er tritt seinen Dienst widerwillig an und wird noch dazu nicht ohne Vorbehalt genommen.

„Da man nun die Besten nicht bekommen könne, müsse man mittlere nehmen."

Dieses berühmte Zitat des Appellationsrats Platz ist oft falsch interpretiert worden. Platz ist ein Anhänger jener Ratspartei, die lieber einen Schulmann statt eines Kapellmeisters als Thomaskantor sähe, damit der Lateinunterricht an der Schule garantiert ist. Bach zählt für ihn zu den „Mittleren" unter den Schulleuten, aber zu den „Besten" unter den Kapellmeistern, die man jedoch nicht wählen könne, weil sie nicht

Die Thomasschule muß an allen Begräbnissen in Leipzig teilnehmen, außer denen armer Leute und kleiner Kinder, sowie, bei Gelegenheit, an Hochzeiten.

„1.) Daß ich denen Knaben, in einem erbarn eingezogenen Leben und Wandel, mit gutem Exempel vorleuchten, der Schulen fleißig abwarten, und die Knaben treulich informiren. (…) 2.) Die Music in beyden Haupt-Kirchen dieser Stadt, nach meinem besten Vermögen, in gutes Aufnehmen bringen. (…) 7.) Zur Beybehaltung guter Ordnung in denen Kirchen die Music dergestalt einrichten, daß sie nicht zulang währen, auch also beschaffen sein möge, damit sie nicht opernhafftig herauskommen, sondern die Zuhörer vielmehr zur Andacht aufmuntere. (…) 9.) Die Knaben freundlich und mit Behutsamkeit tractiren, daferne sie aber nicht folgen wollen, solche moderat züchtigen. (…) 13.) In Leich-Begängnüßen iederzeit, wie gebräuchlich, so viel möglich, bey und neben denen Knaben hergehen (…) sollen und wollen. Als verreversire und verpflichte mich hiermit. (…) So geschehen in Leipzig, den 5. Maii 1723. "

Cantoris bey der Thomas-Schule Revers

unterrichten wollten. Freilich, auch unter den „Besten" zieht Leipzig dem Kapellmeister Bach andere Kandidaten vor, die in der Stadt besser bekannt sind: vor allem Telemann, einst rühriger Organisator des Musiklebens in Leipzig, jetzt Kantor in Hamburg. Oder J. Christoph Graupner, ein alter Thomasschüler, jetzt Kapellmeister beim Landgrafen von Hessen-Darmstadt. Aber der Landgraf läßt Graupner nicht ziehen, und Telemann benutzt seine Leipziger Bewerbung nur, um in Hamburg eine Gehaltserhöhung zu erreichen. Der Mangel an Enthusiasmus für Bach ist erklärlich: Sein Ruf als Organist fällt nicht ins Gewicht, da der Thomaskantor nicht gehalten ist, Orgel zu spielen. Sein Werk ist den Ratsherren fast unbekannt, weil so gut wie nichts gedruckt vorliegt. Außerdem hat Bach keine akademische Ausbildung wie seine Vorgänger. Unter solchen Vorzeichen tritt er sein Amt an.

Nox et amor vinumque nihil moderabile suadent

„Am vergangenen Sonnabend zu Mittage kamen 4. Wagen mit Haus-Raht beladen von Cöthen allhier an, so dem (…) nach Leipzig vocirten Cantori Figurali, zugehöreten."
Hollsteinischer Correspondent, 29. Mai 1723

Die größten Einnahmen, die sich die Schüler verschaffen können, kommen aus dem Kurrendesingen unter den Fenstern und in den Häusern der Stadt. Das ganze Jahr über wird dreimal wöchentlich „Kurrende gegangen": sonntags, mittwochs und freitags, jeweils um drei Uhr nachmittags, wenn kein Begräbnis zur selben Zeit stattfindet. Das Geld dafür, die „pecunia musica", wird sonntags und donnerstags durch acht Knaben in acht Büchsen von den Bürgern eingesammelt.

Bleiben zwei Hindernisse, die schnell beseitigt sind: die Einwilligung des Fürsten – Leopold stellt dem „Edelvesten und Wohlgelahrten Johan Sebastian Bachen" ein sehr freundliches Zeugnis aus – und Bachs Einwilligung, den Thomasschülern entweder selbst Lateinunterricht zu geben oder einen Vertreter dafür zu bezahlen. Entschlossen, den Posten anzunehmen, verspricht er, die Stadt nicht ohne Einwilligung des Bürgermeisters zu verlassen, und

unterschreibt den üblichen theologischen *Revers*. Am 22. April 1723 wird er gewählt – in einer bürokratischen Verhandlung, in der es hauptsächlich um die Frage des Lateinunterrichts geht.

Die musikalische Seite wird kaum berührt – außer dem Hinweis, er hätte „solche Compositiones zu machen, die nicht theatralisch wären". Am 1. Juni 1723 wird Bach mit den üblichen Zeremonien in der Thomasschule eingesetzt.

Beklagenswerte Bedingungen.

Bach findet die Schule in einem Zustand unbeschreiblicher Disziplinlosigkeit und Desorganisation vor. Der Rektor, J. Heinrich Ernesti, ist ein Greis, schwach und ohne jegliche Autorität. Die Gebäude sind baufällig und verlieren den Putz. Sie sind viel zu klein für die Zahl der Schüler. Drei Klassen müssen in einem Raum miteinander auskommen, der auch als Eßzimmer dient. Die Internatsschüler schlafen zu dritt in einem Bett. Erschöpft, dreckig, schlecht untergebracht, schlecht ernährt, erkranken die Kinder leicht.

Bei alledem sollen sie auch noch singen. Die Schüler müssen alle Begräbnisse mit Choralgesängen begleiten, ob es regnet, stürmt oder schneit. Im Januar sind sie zum sogenannten *Kurrendesingen* auf den Straßen unterwegs, um Spenden für die Schule zu sammeln. Die wenigen guten Musiker unter ihnen sind überanstrengt und ihre Stimmen in erbärmlichem Zustand. Das musikalische Niveau der Thomasschule und ihrer Kirche ist sehr niedrig, der Rat

Johann Heinrich Ernesti hat an der Universität Leipzig Theologie und Philosophie studiert und ist dort 1691 zum Professor berufen worden. Seit 1680 Prediger an der Nikolaikirche und Konrektor der Thomasschule, wird er 1684 ihr Rektor. Die sehr alte Schule ist eine der beiden Stützen des Schulsystems in Leipzig; die andere, die Nikolaischule, hat sich über die Jahre hinweg als Schule der Reichen etabliert. Die Thomasschule ist die der Armen. Doch dort lehrt man Musik, während man sich an der Nikolaischule nur wenig mit ihr beschäftigt.

steht jeder Neuerung feindlich gegenüber. Bach muß unaufhörlich kämpfen, daß wenigstens die beschädigten oder fehlerhaften Instrumente ersetzt oder repariert werden.

Die Kantorenwohnung befindet sich im ersten Stock, im linken Flügel der Schule, und umfaßt fünf Räume. Sie hat einen separaten Eingang, doch zwischen der Componierstube Bachs, traditionell der Arbeitsraum des Kantors, und den unteren Klassen liegt nur eine dünne Wand. Noch nicht einmal diese mehr als relative Ruhe kann Bach dauerhaft genießen: Alle vier Wochen muß er selbst für die tägliche Disziplin sorgen. 13 Wochen im Jahr, die für ihn, wie man sich denken kann, äußerst beschwerlich sind.

Eine Kantate pro Woche – fast 300 insgesamt.

Die Verpflichtungen des Director musices sind enorm. Er ist für die Musik an den Hauptkirchen der Stadt verantwortlich und muß jeden Sonntag eine Kantate und Motette in der Thomaskirche und der Nikolaikirche zur Aufführung bringen, wo die Gottesdienste vier Stunden dauern. Abgesehen von den Gelegenheitskompositionen wie Ratswahlkantaten, Begräbnismotetten, Hochzeitsmusiken und vor allem den Passionsmusiken für Karfreitag.

Wie jedesmal, wenn er eine neue Stelle antritt, entfaltet Bach eine phantastische schöpferische Energie. Allein für die ersten Weihnachtstage in Leipzig schreibt er drei umfangreiche Kantaten und sein großes „Magnificat". Neben den unzähligen außermusikalischen Verpflichtungen muß er die Zeit zum regelmäßigen Komponieren finden, um

Jede Landeskirche hat, nach dem Willen Luthers, die Freiheit, sich ihre liturgischen Formen selbst zu wählen. In Leipzig schweigt die Figuralmusik in der Fastenzeit und im Advent nach dem ersten Adventssonntag, an dem noch Kantaten musiziert werden. Weihnachten, Ostern und Pfingsten werden jeweils mit drei Feiertagen begangen, an denen die Musik streng geregelt ist. In Übereinstimmung mit einer genauen hierarchischen Abstufung finden die Sonntagsgottesdienste statt: in der Nikolaikirche vier, in der Thomaskirche drei, in der Neuen Kirche und der Paulinerkirche je zwei, in den übrigen Kirchen nur einer.

den sonntäglichen Bedarf an Kantaten zu decken. In den ersten drei Leipziger Amtsjahren komponiert er nahezu jede Woche eine neue, läßt sie abschreiben, einstudieren und am folgenden Sonntag aufführen. Bis ungefähr 1729 wird er so fünf Jahrgänge von Kantaten beisammen haben, fast 300 Werke, von denen allerdings nur knapp 200 erhalten sind. Pausen in diesem enormen Programm bieten nur die letzten drei Adventssonntage und die Fastenzeit.

Als die von

L. Hoch=Edlen

und

Hoch=Weisen Rathe

der Stadt Leipzig

neugebauete und eingerichtete

Schule zu S. Thomä

durch etliche Reden eingeweyhet wurde,

warb folgende

CANTATA

dabey verfertiget und aufgeführet

von

Joh. Sebastian Bach,

Sächs. Weißfels. Capellmeister, und besagter Schulen Cantore,

und

M. Johann Heinrich Winckler,

Collega IV.

Um dem Bedarf an liturgischer Musik in den verschiedenen Leipziger Kirchen zu decken, wird die Thomaskantorei, die bis zu 55 Mitgliedern zählt, in vier Chöre eingeteilt, die sogenannten Ordines. Der erste und beste wird vom Kantor selbst bei den Kantatenaufführungen in der Thomaskirche dirigiert. Die restlichen drei singen an den anderen Kirchen, der zweite an der Nikolaikirche auch die Kantaten an Festtagen. Jedem Chor steht ein älterer Schüler vor, ein sogenannter Präfekt. Über die Ernennung dieser Präfekten kommt es 1736 zum Streit zwischen Bach und der Schulleitung.

Die Scherereien beginnen bald – mit der Universität.

Als einzige der Leipziger Kirchen hat sich die Paulinerkirche der Universität nach Kuhnaus Tod musikalisch
selbständig gemacht und will vom neuen Director musices
unabhängig bleiben. An sich ein lobenswerter Wunsch,

Die geistliche Kantate
ist normalerweise
an einen bestimmten
Sonn- oder Feiertag des
Kirchenjahres gebunden
und hat im Gottesdienst
ihren festen Platz zwi-
schen Evangelienlesung
und Predigt. (Zweiteilige
Kantaten umschließen
die Predigt.) Schon in
ihren Anfängen bringt
die Reformation den
Brauch auf, die Kirchen-
musik in sogenannten
Jahrgängen zusammen-
zufassen, die dem Lauf
des Kirchenjahres fol-
gen. Ein Jahrgang ent-
hält ungefähr 60 Stücke
für alle Sonn- und Fest-
tage des Jahres.

wenn die Universität nicht während der ersten drei Jahre seines Vertrages Bachs Dienste in Anspruch nähme – und sich weigerte, ihm die Dienstbezüge vorschriftsgemäß zu bezahlen. Nach manchen Diskussionen werden sie mit dem Organisten der Paulinerkirche, J. Gottlieb Görner, geteilt.

Doch Bach gibt sich damit nicht zufrieden. Er beharrt auf der vollen Bezahlung und Kontrolle über die Musik an der Paulinerkirche und klagt sie beim sächsischen Kurfürsten in Dresden ein. Der fällt ein salomonisches Urteil, nach dem Bach zwar das Geld, die Universität aber ihre Unabhängigkeit behält. Bach verliert daraufhin, wie zu erwarten, das Interesse am Universitätsgottesdienst. Doch, wie kaum zu erwarten, sichert ihm die Affäre ein ungeheures Prestige in den Augen der Studenten. Von da an hören sie nicht auf, bei ihm weltliche Kantaten für ihre Feiern zu bestellen, zum Ärger ihrer Vorgesetzten, und, was noch wertvoller ist, stellen sich ihm als Instrumentalisten und Sänger zur Verfügung. Ohne diese enthusiastischen und begabten Mitarbeiter stünde es schlecht um die Kirchenmusik an St. Thomas. Dank ihrer und seiner ältesten Söhne kann er eines der ehrgeizigsten Projekte seiner Laufbahn in Angriff nehmen.

Als Vertonung des Lobgesangs Mariens aus dem Lukasevangelium ist Bachs „Magnificat" (BWV 243) eines seiner wenigen Stücke auf einen lateinischen Text und das bedeutendste nach der h-Moll-Messe.

In der Hierarchie der Leipziger Kirchen steht die Paulinerkirche nur an dritter Stelle. Dennoch hält Bach viel auf die Universitätskirche: unter den Studenten sind viele gute Sänger, darunter auch männliche Sopranisten und Altisten.

Am Karfreitag 1729 (oder 1727) wird die Matthäuspassion in der Thomaskirche uraufgeführt.

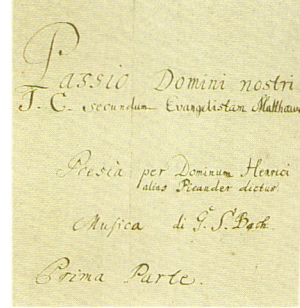

Erst 1721 hat sich Bachs Amtsvorgänger Kuhnau entschlossen, große Passionsmusiken an St. Thomas einzuführen, wie sie damals in ganz Nord- und Mitteldeutschland in Mode sind. Seit 1723 finden diese Aufführungen jährlich im Wechsel zwischen der Thomas- und der Nikolaikirche statt, wobei erstere in den ungeradzahligen Jahren an der Reihe ist. Bach hat sie alle auszurichten, sei es mit fremden, sei es mit eigenen Stücken.

Nach C. Ph. Emanuel soll Bach selbst fünf Passionen geschrieben haben. Nur drei lassen sich sicher nachweisen: die Johannespassion von 1724, die Matthäuspassion und die verschollene Markuspassion von 1731. Eine weitere ist vielleicht schon in Weimar entstanden, die fünfte möglicherweise in seinen letzten Lebensjahren. Von all diesen ist die Matthäuspassion – uraufgeführt entweder am 15. April 1729 (oder 1727) – die ambitionierteste: Sie ist ohne Zweifel der Mittelpunkt von Bachs gesamtem geistlichem Werk. Teuerstes Erbe für alle klassischen und romantischen Musiker, ist sie doch an den Zeitgenossen fast spurlos vorübergegangen.

Das Werk ist zu kolossal für die kurzsichtige Leipziger Obrigkeit. Ein Monument, das den beschränkten Mauern von St. Thomas Risse zufügt. Es ist in gewaltiger Mehrchörigkeit angelegt, die sich im Raum der Kirche entfaltet. Auf der großen Westempore stehen sich zwei Chöre und Orchester gegenüber. Ein dritter Chor singt auf der kleinen Ostempore. In einem über dreistündigen Dialog, mit einem für seine Verhältnisse riesigen Aufführungsapparat von etwa 50 Musikern, entfaltet Bach die Passionsgeschichte.

Grundlage des Textes sind die Kapitel 26 und 27 des Matthäusevangeliums, von Bach in Rezitativen und dramatischen Chören vertont. Seinem Librettisten Picander (eigtl. Christian Friedrich Henrici) legt Bach Passionspredigten vor, die dieser in gereimte Arientexte umformt. In ihnen kommen die Gefühle des Gläubigen im Angesicht der Passion zum Ausdruck. Schließlich legt Bach selbst 14 Choralstrophen als Ruhepunkte in die Handlung ein.

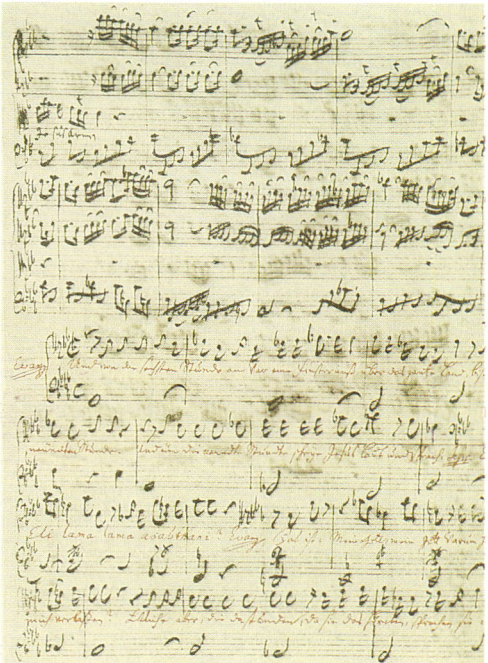

Die Passion verstört die Leipziger Honoratioren.

Die Passion irritiert sie. Etwas Gefälliges ohne Strenge hätte ihnen behagt; doch Bach setzt ihnen seine Seele vor. In seinen Gewohnheiten aufgestört, in seinen Erwartungen enttäuscht, wird der Rat noch härter und säuerlicher. Er kränkt Bach weiter Tag für Tag. Ein geringfügiger Zwischenfall kurz nach der Passionsaufführung

Im Frühjahr 1736 fertigt Bach eine überaus sorgfältige Reinschrift der Matthäuspassion an, in der die Worte des Evangeliums mit roter Tinte hervorgehoben sind (oben die Stelle mit dem „Eli, lama" Jesu).

Auf der Westempore über dem Eingang der Thomaskirche, um die große Orgel herum, finden 30 bis 40 Musiker Platz. Die kleine Orgel liegt in einem Erker an der Ostwand über dem Altarraum.

illustriert die gereizte Stimmung. Die Thomasschule pflegt jedes Frühjahr nach einer Prüfung neue Schüler aufzunehmen. Bach übergibt dem Rat eine Liste von denen, die er aufgrund ihrer sängerischen Qualitäten für geeignet hält. Aber die Ratsherren schenken diesen Vorschlägen keine Beachtung. Sie nehmen vier Schüler auf, die Bach abgelehnt hat, und nur fünf seiner Wahl. Zu dieser Erniedrigung kommen andere Kleinlichkeiten: Man wirft ihm vor, daß er den Lateinunterricht nicht selbst gebe. Seine Vorgesetzten schätzen ihn als „incorrigibel" ein und werfen ihm vor, er „thue nichts". Sie sprechen ihm einen Tadel aus und wollen ihm „die Besoldung verkümmern".

Bach weiß wahrscheinlich noch nichts von diesem letzten Schlag, als er im August 1730 dem Rat eine berühmte Denkschrift zukommen läßt: „Kurtzer, jedoch höchstnöthiger Entwurff einer wohlbestallten Kirchen Music; nebst einigem unvorgreiflichen Bedencken von dem Verfall derselben". Er vermischt darin auf raffinierte Weise seine natürliche Offenheit, seine Sorge um Effizienz und eine ätzende Schärfe. Alle Gegebenheiten werden dargelegt, bedacht. Sein Bemühen um Präzision spricht aus jeder Zeile. Musik gibt es nur zu diesem Preis. Sie begnügt sich nicht mit Näherungswerten.

„Der Cantor möge eine derer untersten Claßen besorgen, es habe derselbe sich nicht so, wie es seyn sollen, aufgeführet, Notabene ohne Vorwissen des regierenden Herrn Bürgermeisters einen Chor Schüler aufs Land geschicket. Ohne genommenen Urlaub verreiset etc. etc. (...) Herr HoffRath Steger (erklärt), es thue der Cantor nicht ... allein

Zum Träumen bringen, an die Ufer des Unsagbaren und Göttlichen vorstoßen, ja. Aber dafür muß sie durch absolute tonale Exaktheit, durch rhythmische Strenge gehen. Das alles verlangt sehr präzise praktische Bedingungen. Der Rat ignoriert alles. Schlimmer noch, diese Anfrage weckt seinen Groll, da er nämlich nicht nur die Besoldung der Choristen um kein bißchen aufbessert, sondern die eines eher zweitrangigen Musikdirektors demonstrativ erhöht, die des jungen Carl Gotthelf Gerlach, der durch Bachs Empfehlung an die Neue Kirche berufen wurde.

nichts, sondern wolle sich auch diesfals nicht erklären, halte die Singestunden nicht, es kämen auch andere Beschwerden dazu, Änderung würde nöthig seyn. (…) Hier wurde resolviret, dem Cantor die Besoldung zu verkümmern. "
Ratsprotokoll,
August 1730

„Als werde genöthiget werden mit des Höchsten Beystand meine Fortun anderweitig zu suchen."

Wieder will Bach gehen. Er schreibt den schon mehrfach zitierten Brief an seinen Schulkameraden Erdmann, jetzt kaiserlich-russischer Gesandter in Danzig: „Solten Eu: Hochwohlgebohren vor einen alten treuen Diener dasiges Ohrtes eine convenable station wißen oder finden, so ersuche gantz gehorsamst vor mich eine hochgeneigte recommendation einzulegen." Ein Brief, der auf schmerzliche Weise Licht auf die unhaltbare Situation wirft, in der sich Bach befindet. Er suche eine Anstellung, sagt er, in der er vor einer „wunderlichen und der Music wenig ergebenen Obrigkeit" beschützt werde. Die Situation ist ausweglos, weil sie an der Doppeldeutigkeit der Ernennung scheitert: Für Bach, den Kapellmeister, zählt nur die Leitung der Musik; für die Ratsherren gehen die administrativen Aufgaben des Kantors vor. Einen genialen Komponisten auf der Höhe seiner Schaffenskraft als Schulmeister zu engagieren, ist schon an sich ein Irrtum. Erdmann kann unglücklicherweise nichts tun, und Bach ist gezwungen, in der sächsischen Stadt zu bleiben, wo man seine Musik für übertrieben anspruchsvoll hält. Zum Glück ändern sich die Verhältnisse. Am 8. September 1730 wird an der Thomasschule ein neuer Rektor ernannt: J. Matthias Gesner.

Der Schraubstock lockert sich.

Der große Philologe und aufgeklärte Humanist, Bachs alter Freund aus Weimarer Tagen, ist genau der Richtige, um die unumgänglichen Reformen einzuleiten. Er beginnt damit, daß er die Schule um zwei Stockwerke vergrößern läßt. Dann verbessert er den Zustand der Gebäude und bringt vor allem den Schülern die ursprüngliche Bedeutung der Musik nahe. Er erklärt ihnen, daß sie eine Mittlerin zwischen

Gegen die Ende 1723 bekanntgemachte neue Schulordnung der Thomasschule legt Bach Protest ein: „Der Herr Cantor und Tertius lassen sich ebenfalls vernehmen, wie sie warnähmen, daß ihnen in der Neuen Ordnung die accidentia gar sehr geschmälert wären, welches ihnen, da die Zeiten iezo ohne dem sehr schwer, gar betrüblich sey, wir gaben darauf zur Antwort, wie man sich nicht entsinne, daß in gegenhaltung der alten Ordnung etwas entzogen worden, sie müsten sich denn wieder selbige etwas angemaßet haben."

den Menschen und den Himmelschören sei, regt sie an, sie zu lieben und zu respektieren. Unter ihm ändert sich die Atmosphäre an der Schule von Grund auf. Von Lateinkursen und Aufsichtsstunden befreit, kann sich Bach der Zusammenarbeit mit einem so bemerkenswerten Mann erfreuen. Unter seinem Einfluß kommen antike Traditionen zum Tragen.

Die Ernennung von J. Matthias Gesner zum Rektor der Thomasschule kann Bach nur eine kurze Erleichterung bringen: Die zwei Männer haben seit ihrer Begegnung in Weimar 1715, wo Gesner Bibliothekar war, Freundschaft geschlossen. Gesner ist heute als einer der Vorreiter der Klassischen Philologie bekannt.

„Sonst ein großer Verehrer des Altertums", schreibt Gesner später, „glaub' ich doch, daß Freund Bach allein (…) den Orpheus mehrmals und den Arion zwanzigmal übertrifft." Bach wiederum erweist sich in seinen mythologischen Kantaten wie dem „Streit zwischen Phoebus und Pan" (BWV 201) oder „Hercules auf dem Scheidewege" (BWV 213) als eifriger Interpret der Antike.

Häufig wird die Meinung vertreten, Bach habe sich selbst am Stich des 3. Teils der „Clavier-Übung" beteiligt (links das Titelblatt des 4. Teils, der „Goldberg-Variationen"). Doch obwohl das Notenbild seiner Handschrift ähnlich sieht, hat er im Gegensatz zu seinem Sohn C. Ph. Emanuel seine Noten wohl nie selbst gestochen.

1731 läßt Bach sechs Partiten für Cembalo stechen. Sie sind seit 1726 im Jahresabstand einzeln erschienen und werden nun unter dem Titel „Clavier-Übung" zusammengefaßt. Bach ist bereits 41 Jahre alt, und es ist das erste Werk, das er für vollendet genug hält, um es zu veröffentlichen. Auf diesen ersten Teil folgen drei weitere: Der zweite von 1735 umfaßt das „Italienische Konzert" und die „Französische Ouvertüre" – ein weiterer Beitrag Bachs zum Thema der Nationalstile –, der dritte Teil enthält die sogenannte Orgelmesse, eine Sammlung von Vorspielen über die Katechismuschoräle. 1741 oder 1742 erscheint der letzte Teil, eine „Aria mit verschiedenen Veränderungen", darunter neun kunstvolle Kanons und ein Quodlibet, besser bekannt unter dem Namen „Goldberg-Variationen". Der Name erinnert an Bachs brillanten Schüler J. Gottlieb Goldberg, der die Stücke Nacht für Nacht seinem Herrn, dem Dresdener Grafen Keyserlingk, vorspielen muß, um dessen Schlaflosigkeit zu vertreiben.

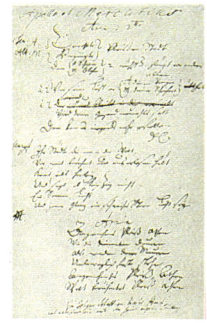

Die 1730er Jahre bringen Bach erhebliche Verbesserungen.

Neue und exzellente Sänger gehören jetzt zu seinem Chor. Vor allem leitet Bach das Collegium musicum, das Telemann 1702 in Leipzig gegründet hat, eines von zwei bürgerlichen „Orchestern" der Stadt. Es gibt jeden Freitag-

abend im Zimmermannschen Kaffeehaus Konzert, zur Messezeit sogar zweimal wöchentlich. Für das Collegium schreibt Bach eine Menge weltlicher Kantaten, darunter auch „komische Singstücke" wie die Bauern- oder die Kaffeekantate.

Doch die Abende bei Zimmermann bieten vor allem Gelegenheit, sich mit Konzerten und Kammermusik hören zu lassen. Besonders zur Messezeit strömen die auswärtigen Besucher herbei, um berühmte Gäste oder einheimische Studenten als Solisten in Bachs Cembalokonzerten, Ouvertüren und Violinkonzerten zu hören. Auch Bachs Söhne können ihr Talent entfalten. Bestimmte Aufführungen des Collegium musicum finden zu Ehren des regierenden Herrscherhauses statt. Besonders das Jahr 1733, als Friedrich August II. seinem Vater August dem Starken auf dem Thron folgt, ist von Festlichkeiten geprägt. Bach gibt zwischen August und Dezember drei verschiedene Kantaten, um den Namenstag des neuen Kurfürsten, den Geburstag des Kurprinzen und den der Kurfürstin zu feiern.

Das „Bachische Collegium musicum" läßt sich im Zimmermannschen Kaffeehaus (links) in der Katharinenstraße hören, und zwar freitags abends von 20 bis 22 Uhr. Im Sommer werden die Konzerte im Zimmermannschen Kaffeegarten von 4 bis 6 Uhr veranstaltet. Weitere Auftrittsmöglichkeiten bieten der Ballsaal in der Peterstraße, das Kaffeehaus Lehmann am Markt sowie das Café Hellwig.

Im 16. Jahrhundert entstehen auf Initiative der Studenten die ersten Collegia musica. „Das waren jene regelmäßigen, wöchentlich ein- oder zweimal abgehaltenen Musikzusammenkünfte, bei denen frischweg das Neueste gesungen und gespielt wurde, was der Musikmarkt bot." (Arnold Schering, Musikgeschichte Leipzigs) Allmählich entwickelten sich aus diesen „zwanglosen studentischen Zusammenkünften" feste Ensembles wie das von Bach in Leipzig übernommene Collegium musicum, das Telemann 1702 gegründet hatte. Es war nicht das einzige in der Messestadt: 1708 hatte J. Friedrich Fasch ein zweites ins Leben gerufen, das später der Nicolai-Organist J. Gottlieb Görner übernahm. Die beiden mit Solosängern und bis zu 50 Instrumentalisten besetzten Collegia (links eine Abbildung aus Jena) machten sich mit wöchentlichen Konzerten Konkurrenz. Sie waren ein wichtiger Vorläufer des bürgerlichen Konzertlebens, das sich damals fern von Hof, Oper und Kirche zu entfalten begann. Aus Görners Collegium musicum geht später mittelbar das Leipziger Gewandhausorchester hervor.

Das Gipfelwerk jener Epoche bleibt die spätere h-Moll-Messe.

Im Juli 1733 überreicht Bach dem neuen Kurfürsten in Dresden die Stimmen zu Kyrie und Gloria einer katholischen Messe, die er aus früheren Kantatensätzen zusammengestellt hat. Ganz am Ende seines Lebens, 1748/1749, ergänzt er sie um die fehlenden Sätze zu einer vollständi-

Friedrich August II. wird im Februar 1733 Kurfürst von Sachsen und im Januar 1734 als August III. König von Polen.

gen Messe, zur sogenannten h-Moll-Messe. Es mag erstaunen, daß Bach eine katholische Messe schreibt. Mit den ersten beiden Sätzen, der Missa von Dresden, verfolgt er eine diplomatische Absicht: In einem Begleitschreiben an den Fürsten bewirbt er sich um ein „Praedicat von Dero Hoff-Capelle". Doch in Wahrheit ist das Werk absolut ambivalent, sowohl die Missa von 1733 als auch die spätere vollständige Messe. Auf der einen Seite können die Stücke, nimmt man sie getrennt, im Kontext der lutherischen Liturgie gebraucht werden, da im Leipziger Gottesdienst die Teile des *Ordinarium Missae* durchaus noch polyphon gesungen werden. Auf der anderen Seite erscheint es unter seinem katholischen Aspekt abgetrennt von der historischen

Wirklichkeit wie in einer abstrakten Welt. Um diese Ambivalenz zu verstehen, muß man daran erinnern, daß der lutherische Kult nach dem Vorbild des katholischen geformt ist und von ihm die Grundprinzipien übernimmt. Tatsächlich liegt für Bach der eigentliche Sinn des Evangeliums in einer Vereinheitlichung der Gottesidee jenseits der

Bachs „große catholische Messe", die ihr erster Herausgeber 1833 nicht ganz zutreffend Messe in h-Moll nennt – sie steht die meiste Zeit in D-Dur –, entsteht über einen Zeitraum von mehr als 20 Jahren: das Sanctus stammt von 1724, Kyrie und Gloria von 1733 und der Rest aus Bachs letzten Lebensjahren 1748/1749.

Das Apelische Haus, worinnen Ihro Königl. Majest. zu logiren pflegen

Das Haus Apel, in dem August III. bei seinem Besuch in Leipzig absteigt.

Die Initialen S.D.G. (Soli Deo Gloria), D.S.G. (Deo Solo Gloria: „Gott allein der Ruhm") oder J.J. (Jesu Juva: „Jesu, hilf") finden sich zu Beginn oder am Ende vieler Musikhandschriften des 18. Jahrhunderts. Man findet sie etwa auch in Partituren Haydns.

Meinungsverschiedenheiten zwischen den Konfessionen. Seine Musik ist nicht zu verstehen ohne die drei Buchstaben S.D.G., die man in allen größeren Partituren findet: „Soli Deo Gloria." Alle Werke Bachs, auch die, deren Bestimmung ganz ausdrücklich weltlich ist, zeugen von dieser Einheit der Welt.

Die Rückkehr der schlechten Tage.

Die Bewerbung um einen Hoftitel in Dresden
erweist sich bald als kluge Voraussicht: 1734
wird Rektor Gesner, Bachs Beschützer und
Gönner, an die Universität Göttingen berufen. Sein Abschied kündigt die Rückkehr
der schlechten Tage an. Bach hat eine Vor-
ahnung, und er täuscht sich nicht.

Die Neigungen des neuen Rektors
J. August Ernesti, nicht verwandt mit dem,
der Bach zehn Jahre zuvor empfangen hat,
sind sehr verschieden von denen seines Vor-
gängers. Von Anfang an stellt er sich gegen Bach.
Man muß ihm Gerechtigkeit widerfahren lassen:
Die Thomasschule ist wirklich nicht mehr auf der
Höhe der Zeit. Die Zahl der Fächer ist im 18. Jahrhundert stark angewachsen, und der Typ von päda-

Während der Messe-
zeiten können über
100 Gasthäuser die Be-
sucher und Kaufleute
aufnehmen. Doch der
Trubel ist nicht nur
merkantiler Art.
Als Hochburg der
Aufklärung zieht
Leipzig eine Menge
kultivierter Geister
an, die die Messe in
den acht modischen
Kaffeehäusern, den
bürgerlichen Salons
oder den Kaffeegärten
vor den Toren der Stadt
verbringen. Die Ge-
sprächskultur ist eine
der Spezialitäten der
Stadt.

gogischer Einrichtung, gleichzeitig für musikalische und schulische Zwecke konzipiert, ist überholt. Wie dem auch sei, zwischen Rektor und Kantor sind die Beziehungen bis zum unvermeidlichen Bruch gespannt. Harmloser Anlaß, verheerende Folgen: ein Präfekt Sebastians hat einen Schüler zu nachdrücklich gezüchtigt. Ernesti verweist ihn der Schule und ersetzt ihn durch einen Präfekten seiner Wahl, einen kümmerlichen Musiker. Mitten im Gottesdienst fährt Bach aus der Haut und jagt den neuen Präfekten „mit großen Schreyen und Lermen

Als junger Mann von 27 Jahren erhält J. August Ernesti den Ruf zum Rektor der Thomasschule, deren Konrektor er seit 1731 ist. Als glänzender Denker, Philologe und Theologe, als bedeutender Verfasser, hält Ernesti die Musik für Zeitverschwendung. Auf das Niveau seiner Schule bedacht und im Bewußtsein der notwendigen schulischen Erneuerung, betrachtet er Bachs Ansprüche als Hindernis für das Programm, das er an der Thomasschule zu entwickeln gedenkt. Er verspottet absichtlich die musizierenden Schüler, indem er sie fragt, ob sie „auch ein Bierfiedler werden wollten", und diese unterschwellige Verachtung kann nur einen lange gärenden Streit beschleunigen.

von dem Chor". Worauf Ernesti den jungen Mann wieder einsetzt und den Schülern verbietet, unter einer anderen Leitung als der seinen zu singen. Das bedeutet Krieg. Die ganze Schule hat die Orientierung verloren. Die Affäre wird zum Stadtgespräch. Die Gegner appellieren an die Behörden, die sich hüten, sich deutlich zu erklären.

Der Konflikt dauert zwei Jahre, in denen Kantor und Rektor Tür an Tür leben müssen. Man kann sich vorstellen, was das für Bach bedeutet haben muß. Im September 1736 erneuert er seine Bewerbung um eine Stelle beim Kurfürsten. Dieses Mal erinnert man sich seiner. Am 19. November wird in Dresden der Akt ausgefertigt, der ihn zum „königlich polnischen und churfürstlich sächsischen Hofcompositeur" ernennt. Ob diese Ernennung seine Position in Leipzig stärkt oder ob der König sich persönlich zugunsten Bachs engagiert, ist unbekannt. Der Streit erlischt 1738. Doch Ernesti widersetzt sich der Musik weiter bis zum Äußersten.

Der Aufstand der jungen Generation gegen den Barock.

In diesen Jahren kommen Bitterkeit und Enttäuschung zusammen. Gottfried Bernhard, Bachs Drittältester, entpuppt

sich als „ungerathener Sohn": Zwei Organistenstellen, die ihm sein Vater verschafft hat, in Mühlhausen und Sangerhausen, verläßt er auf der Flucht vor seinen Gläubigern. Über ein Jahr hält er sich verborgen und stirbt 1739 im Alter von 24 Jahren, ohne seinen Vater wiedergesehen zu haben. Der offenbar als Clavierspieler besonders begabte Gottfried Heinrich wird in der Pubertät geisteskrank.

Zu allem Überfluß sieht sich Bach 1737 einer Attacke gegen die Prinzipien seiner Kunst ausgesetzt.

In Hamburg erscheint eine neue Wochenschrift, „Critischer Musikus", die sich der Analyse zeitgenössischer

Im Jahr 1738 erhält C. Ph. Emanuel eine Stelle im Orchester des Kronprinzen von Preußen. Die Bezahlung ist mager (300 Taler), doch das Ensemble exzellent – nicht weniger als die oben abgebildete Schar von Hofmusikern Ludwigs XIV.

Johann Adolph Scheibens,
Königl. Dänis. Capellmeisters,

Critischer

MUSIKUS.

Neue,
vermehrte und verbesserte
Auflage.

Leipzig,
bey Bernhard Christoph Breitkopf, 1745.

Musik widmet. In der 6. Nummer vom 14. Mai 1737 eröffnet der Herausgeber J. Adolf Scheibe, die Polemik: „Dieser grosse Mann würde die Bewunderung gantzer Nationen seyn, wenn er mehr Annehmlichkeit hätte, und wenn er nicht seinen Stücken durch ein schwülstiges und verworrenes Wesen das Natürliche entzöge, und ihre Schönheit durch allzugrosse Kunst verdunkelte. Weil er nach seinen Fingern urtheilt, so sind seine Stücke überaus schwer zu spielen; denn er verlangt die Sänger und Instrumentalisten sollen durch ihre Kehle und Instrumente eben das machen, was er auf dem Claviere spielen kan."

Als Antwort auf Scheibes Attacke verfaßt Mattheson (unten) eine Lobrede auf Bach und bestimmte seiner Stücke. Scheibe antwortet: „Bachische Kirchen-Stücke sind allemahl künstlicher und mühsamer; keineswegs aber von solchem vernünfftigen Nachdencken, als die Telemannischen und Graunischen Wercke." Links: die Titelseite des „Critischen Musikus" in der gesammelten Ausgabe von 1745.

Diese Kritik berührt Bach um so mehr, als sie von dem Vertreter einer neuen Generation von Musikern kommt, die sich im Aufstand gegen die Barockmusik befindet. Sie erklärt das sinnliche Vergnügen und die Einfachheit des Ausdrucks zum primären Ziel der Musik.

Bach antwortet nicht persönlich, sondern beauftragt damit seinen Freund J. Abraham Birnbaum. Mehrere Musiker nehmen an der Debatte teil, darunter der Hamburger Musiktheoretiker J. Mattheson und Bachs Weimarer Vetter J. Gottfried Walther. Von neuem fließt Tinte in Strömen. Dieses Mal geht es um einen grundlegenden Streit: Gehört Johann Sebastian Bach schon einer anderen Zeit an? Bach, ein großer Komponist, aber in einer veralteten musikalischen Gefühlswelt beheimatet: Die von Scheibe entfachte Polemik weitet sich in den folgenden 100 Jahren beständig aus und kommt erst in der Bach-Renaissance Mitte des 19. Jahrhunderts zur Ruhe.

SECHSTES KAPITEL

MUSIKALISCHES OPFER

Die Geschichtsschreibung folgt wie einer Spur den letzten Lebensjahren Bachs. Der Faden ist dünn, den uns die Zeit und die Vergeßlichkeit der Menschen hinterlassen haben. Gesicherte, doch äußerst wenige Daten – zweifellos ein Abbild des Endes. Bach stellt sich auf jenen kleinen Umkreis ein, der alle seine Aktivitäten umspannt: Altenburg, Görlitz, Zschortau, Naumburg für Orgelprüfungen; Dresden, wo er stets gefeiert wird; Berlin, wo Emanuel lebt.

Auf diesem Portrait, das der Maler Elias Gottlob Haußmann 1746 anfertigt, ist Bach mit dem sechsstimmigen Tripelkanon dargestellt, den er zur Aufnahme in die Sozietät der musikalischen Wissenschaften komponiert. Scheinbar einfach, stellt der Kanon in Wahrheit ein Rätsel dar: Vom Betrachter aus gesehen, kann man drei Stimmen erkennen. Um die anderen drei zu erhalten, muß man das Notenblatt spiegelbildlich lesen.

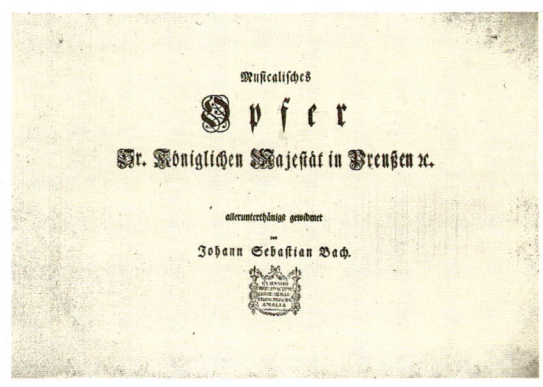

Bach verflüchtigt sich, in seinem gesellschaftlichen Leben zumindest. Immer weiter von den Tätigkeiten entfernt, die sich an sein Amt knüpfen, ist er um so näher einer inneren Stimme, die von Lösung spricht. Und das Band, das die Fäden des aktiven Lebens fest angezogen hält, jenes Band, das sich jetzt auflöst, webt zur gleichen Zeit den Faden der abstraktesten, spekulativsten, am feinsten gegliederten Werke von Bachs gesamtem musikalischen Schaffen: „Canonische Veraenderungen", „Musicalisches Opfer", „Kunst der Fuge".

Als Cembalist in der Hofkapelle Friedrichs des Großen wird C. Ph. Emanuel (links) nicht nach seinem wahren Wert eingeschätzt. Der musizierende König (unten) erkennt sein Talent nicht und kann seine geistige Unabhängigkeit nicht ertragen. Der zweitälteste Bachsohn ist darüber sehr verbittert.

Im Mai 1747 ist Bach zu Gast bei Friedrich dem Großen.

Die Einladung des Preußenkönigs ist schon vor Jahren ergangen, durch die Vermittlung Emanuels, der sein offizieller Cembalobegleiter ist. Doch 1745 belagern die preußischen Truppen Leipzig, eine deutsche Episode in einem Konflikt, in den ganz Europa verwickelt ist. Im umliegenden Land herrschen Mord und Totschlag. Bach, als wahrer Sohn seiner Zeit, interessiert sich nicht für die Streitereien zwischen Herrschern und plant, sobald der Krieg zu Ende ist, sich nach Potsdam an den Hof Friedrichs II. zu begeben. Das bietet auch die Gelegenheit, seinen Enkel J. Augustus zu besuchen, den im selben Jahr geborenen Sohn Emanuels.

An jenem Frühlingsabend 1747 ist – wie jeden Abend zwischen 19 und 21 Uhr – am Hof Konzert. Friedrich, ein Musikliebhaber und guter Flötist, hat vielleicht das Konzert selbst komponiert, dessen Solopart er gerade spielen will.

Doch da wird Bach angekündigt. Friedrich wendet sich zu seinen Musikern und sagt: „Meine Herren, der alte Bach ist gekommen!" Seinem Gast vorauseilend, zieht er ihn dann voller Aufgeregtheit durch sein Schloß und zeigt ihm die zahlreichen Hammerflügel von Gottfried Silbermann – dem berühmten Clavier- und Orgelbauer –, die er angeschafft hat, damit er sie alle ausprobiert... Bach improvisiert auf jedem von ihnen, zum Erstaunen Friedrichs und des ganzen Hofstaats, bis er den König bittet, ihm ein Thema vorzuschlagen, über das er eine Fuge improvisieren will. Seine Majestät gibt ihm also aus dem Stegreif ein Fugenthema auf, das Bach zu drei Stimmen entwickelt, so lebendig, so dicht, daß es ein Wunder ist. Gereizt durch die Meisterschaft von Bachs Spiel, bittet ihn Friedrich jetzt, über dasselbe Thema eine sechsstimmige Fuge auszuführen.

Friedrich II. (1712 – 1786) hat die Musik seit seinem achten Lebensjahr erlernt, heimlich, aus Furcht vor seinem Vater, bei dem Berliner Organisten Gottlieb Hayne. Später wird J. Joachim Quantz sein Flötenlehrer, C. Heinrich Graun gibt ihm Kompositionsunterricht. Das heißt, der König ist ein mehr als nur annehmbarer Musiker.

Bach entgegnet, nicht jedes Thema sei geeignet, in diesem Schwierigkeitsgrad bearbeitet zu werden, und wählt sich selbst ein Thema.

Und er führt es nach dem Zeugnis Friedemanns, der dabei ist, „zur größten Verwunderung aller Anwesenden auf eine ebenso prachtvolle und gelehrte Art aus, wie er vorher mit dem Thema des Königs gethan hatte". Nach Leipzig zurückgekehrt, macht Bach sich an eine Gruppe von streng polyphonen Kompositionen über das Thema regium, das königliche Thema. Ihr Höhepunkt ist eine sechsstimmige Fuge, Bachs Antwort auf die Herausforderung des Königs. Außerdem enthält das Werk jene Potsdamer Improvisation, zehn kunstvolle Kanons und eine Triosonate, die dem Flöte spielenden König huldigt. Bach

„Der König gab für diesen Abend sein Flötenkonzert auf, nöthigte aber den damals schon sogenannten alten Bach, seine in mehreren Zimmern des Schlosses herumstehende Silbermannische Fortepiano zu probiren. Die Kapellisten gingen von Zimmer zu Zimmer mit, und Bach mußte überall probiren und fantasiren. "
Forkel, 1802

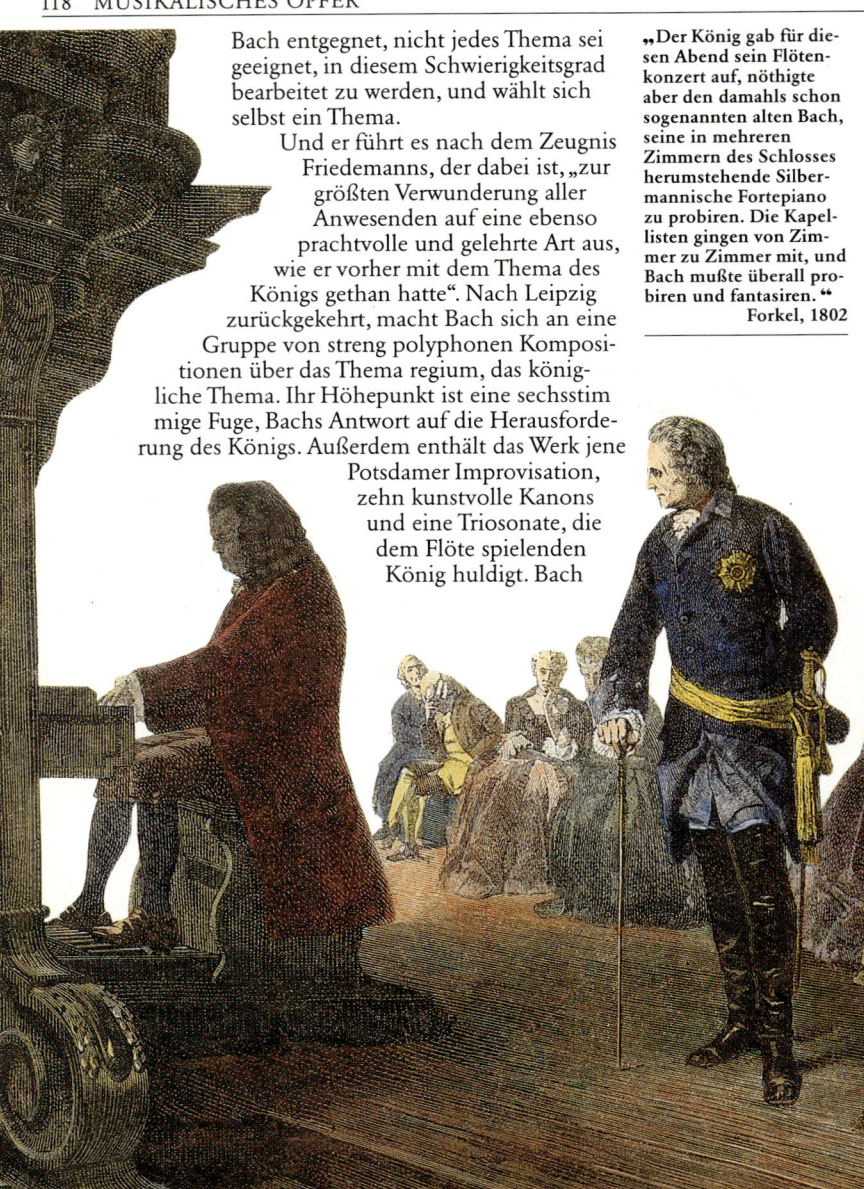

läßt sie unter dem Titel „Musicalisches Opfer" stechen und schickt sie am 7. Juli 1747 mit einer Widmung an den König.

R.I.C.E.R.C.A.R.

Auf dem Titelblatt des Widmungsexemplars findet sich die Aufschrift: „Regis Iussu Cantio Et Reliqua Canonica Arte Resoluta" (Auf des Königs Befehl, der Gesang und das Übrige mit kanonischer Kunst aufgelöst). Der Begriff „kanonisch" bedeutet hier nicht nur „Kanons enthaltend", sondern auch „auf die bestmögliche Weise". Die Anfangsbuchstaben der Widmung ergeben das Wort RICERCAR, italienisch für „suchen"

Allergnädigſter König,

EW. Majeſtät weyhe hiermit in tiefſter Unterthänigkeit ein Muſicaliſches Opfer, deſſen edelſter Theil von Deroſelben hoher Hand ſelbſt herrühret. Mit einem ehrfurchtsvollen Vergnügen erinnere ich mich annoch der ganz beſondern Königlichen Gnade, da vor einiger Zeit, bey meiner Anweſenheit in Potsdam, Ew. Majeſtät ſelbſt, ein Thema zu einer Fuge auf dem Claviere vorzuſpielen geruheten, und zugleich allergnädigſt auferlegten, ſolches alſobald in Deroſelben höchſten Gegenwart auszuführen. Ew. Majeſtät Befehl zu gehorſamen, war meine unterthänigſte Schuldigkeit. Ich bemerkte aber gar bald, daß wegen Mangels nöthiger Vorbereitung, die Ausführung nicht alſo gerathen wollte, als es ein ſo treffliches Thema erforderte. Ich faſſete demnach den Entſchluß, und machete mich ſogleich anheiſchig, dieſes rechte Königliche Thema vollkommener auszuarbeiten, und ſodann der Welt bekannt zu machen. Dieſer Vorſatz iſt nunmehro nach Vermögen

Die zehn Kanons des „Musicalischen Opfers" sind die kunstvollsten, die Bach je geschrieben hat. Aus zweien macht er Rätselkanons, die der König erst lösen muß.

und zugleich eine ältere Bezeichnung für „Fuge". Tatsächlich gibt es im „Musicalischen Opfer" viel zu suchen, so etwa die Einsätze eines Kanons mit der Überschrift „Quaerendo invenietis" (Suchet, dann werdet ihr finden). Den musikalischen Sinn des Worts hat Bach in den beiden Fugen verwirklicht, die er Ricercar nennt. Die sechsstimmige gehört zu seinen großartigsten Schöpfungen. Das königliche Thema ist schon an sich sehr komplex, weil rhythmisch unregelmäßig und stark chromatisch. Doch hier verarbeitet es Bach in einer demonstrativ gelehrten Weise, die dem Charakter eines Ricercare entspricht: eine intellektuelle Art von Fuge, vielleicht zu streng für ein profanes Ohr.

Bach wird Mitglied einer berühmten musikalischen Gesellschaft.

Von Lorenz Christoph Mizler, einem früheren Mitglied des Collegium musicum, gegründet, zählt die „Sozietät der musicalischen Wissenschaften" ausgezeichnete Musiker zu ihren Mitgliedern und veröffentlicht eine Monatsschrift, die schwierige theoretische Fragen behandelt. Die Mitglieder sollen ihre Tätigkeit der Theorie und musikalischen Praxis widmen, müssen aber auch versiert in Philosophie und Mathematik sein. Als Beweis für ihre wissenschaftlichen Kenntnisse auf musikalischem Gebiet müssen sie jährlich ein theoretisches oder praktisches Werk abliefern. Bach zögert lange, der Gesellschaft beizutreten, obwohl er seit 1745 damit liebäugelt. Seine Haltung ändert sich erst 1745, als Händel die

Als Herausgeber der Zeitschrift „Neu eröffnete Musicalische Bibliothek" (1736) wünscht Lorenz Christoph Mizler seit langem, daß sein Lehrer der „Sozietät der musicalischen Wissenschaften" beitreten soll. Die Zahl der Mitglieder ist extrem begrenzt, etwa 20 insgesamt, alles eminente Musiker: Telemann tritt 1739 bei, Händel (unten) 1745 und Leopold Mozart 1755. Mindestens einmal im Jahr müssen die Mitglieder einen wissenschaftlichen Beitrag einreichen.

Berufung zum 11. Mitglied annimmt. Noch einmal wartet er zwei Jahre. Es ist sicher kein Zufall, wenn er danach die Nummer 14 trägt. Sie ist seine Chiffre, die seines Namens.

Bach hat schon immer eine fast abergläubische Beziehung zu Zahlen. Die Musik hat durchaus viele Anknüpfungspunkte zur Mathematik, es besteht eine fast geheimnisvolle Beziehung zwischen Buchstaben und Zahlen. So ergibt Bachs Nachname die Zahl 14, wenn man seine Buchstaben nach ihrer Stelle im Alphabet zählt und die vier Zahlen addiert. Wenn man außerdem weiß, daß sich die Harmonie nach dem System des bezifferten Basses fortbewegt, der die Logik und den Diskurs der Musik sicherstellt, mag man begreifen, wie der Meister der Harmonie seine eigene Weltsicht in Zahlenbeziehungen hat ausdrücken können. Diese Erklärung, verbunden mit der Freude der Zeit an intellektuellen und besonders an Zahlenspielen,

Bach mißt seiner Namenszahl 14 besondere Bedeutung bei. Sie errechnet sich aus der Addition der Buchstaben seines Namens, gemäß den Ziffern ihrer Stellen im Alphabet. Damit nicht genug, ergeben die Initialen seines Vornamens, nach derselben Methode zu seinem Nachnamen addiert, die Zahl 41, die Umkehrung von 14. Noch besser: sein vollständiger Name Johann Sebastian Bach ergibt zusammen die Zahl 158, deren Quersumme wiederum 14 ist.

Johann Sebastian Bach

kann verständlich machen, warum Ziffern in Bachs Leben so zahlreich auftauchen. So besteht auch das Thema der ersten Fuge aus dem „Wohltemperierten Clavier I" aus 14 Noten. In seinem sogenannten Sterbechoral, „Vor Deinen Thron tret' ich hiermit" (BWV 668), gibt Bach die erste Choralzeile mit 14 Noten und die letzte mit 41 an.

Die „Kunst der Fuge", reine Ordnung.

Bis ein Jahrzehnt vor seinem Tod reicht die Beschäftigung mit jenem Thema zurück. Die „Kunst der Fuge" ist keineswegs, wie man früher glaubte, Bachs letztes Werk. Schon in den frühen 1740er Jahren hat er ein eigenhändiges Manuskript mit einer Frühfassung des Werkes abgeschlossen. Später entschließt er sich, diese erste Version zu überarbeiten und für den Druck vorzubereiten – nach dem „Musicalischen Opfer". Denn wie dort handelt es sich um eine Serie kontrapunktischer Variationen über ein Thema und in einer Tonart. Stand dort die Idee des Kanons im Vordergrund, so werden hier alle Möglichkeiten der Fuge untersucht.

Die „Kunst der Fuge" ist ebenso wie das „Musicalische Opfer" und die „Canonischen Veraenderungen" über „Vom Himmel hoch, da komm ich her" (BWV 769) ein wissen-

Noch viele weitere Zahlen spielen in Bachs Werk eine Rolle: die 3 als Symbol der Trinität; die 4 für das Kreuz, die vier Himmelsrichtungen, die vier Elemente, die vier Jahreszeiten; die heilige Zahl 7 für die sieben Schöpfungstage und die sieben Töne der diatonischen Tonleiter; die 10 für die zehn Gebote und damit für das Gesetz; die 12 für die zwölf Apostel, die zwölf Monate und die zwölf Töne der chromatischen Tonleiter. Bach hat sie in seinen Stücken auf verschiedene Weise zum Ausdruck gebracht: durch die Zahl der Noten, Takte, Sätze oder Einsätze. Die Erforschung dieser sogenannten „Zahlensymbolik" ist heute eines der umstrittensten Gebiete in der Bach-Forschung.

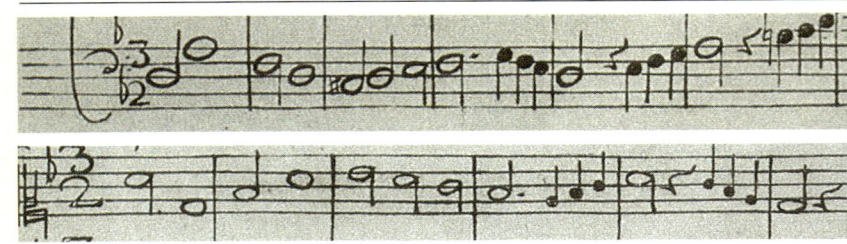

schaftlicher Beitrag für die „Sozietät". Sie muß demnach 1749 beendet worden sein: Am 21. März 1750, im Alter von 65 Jahren, wird Bach „Emeritus" der Sozietät und ist damit von der Verpflichtung zu einer Jahresgabe befreit. Über die ursprünglich geplante Reihenfolge des Werks herrscht keine Klarheit. In der Frühfassung legt sie Bach fest: drei einfache Fugen, vier Gegen- und Doppelfugen, eine Fuge mit *Augmentation* und *Diminution,* vier Kanons und zwei Spiegelfugen. In der Druckfassung enthält das Werk im wesentlichen 14 (!) Fugen und vier Kanons, wobei die letzte Fuge unvollendet überliefert ist. Ob das auch Bachs geplante Ordnung war, ist allerdings zweifelhaft. Über mögliche andere Ordnungen bis hin zu einem Projekt von 24 Kontrapunkten wurde in der Forschung viel spekuliert.

Die „Kunst der Fuge" ist gleichsam das Manifest einer Musik, die zur Stille wird und sich auf eine Architektur von solcher Reinheit reduziert, daß sie sich von der musikalischen Welt, ja der Welt überhaupt, zurückzieht ins Abstrakte. Hier ist eine Nähe zur Vollkommenheit erreicht, die die „Kunst der Fuge" an die Grenzen des Hörbaren führt und die sich einer anderen Vervollkommnung nähert, dem Tod.

Die „Kunst der Fuge" beruht auf einem viertaktigen Thema in d-Moll. Contrapunctus 12 (oben) ist eine Spiegelfuge. Sein Thema rectus (obere Zeile) ist eine Dreiertaktvariante des Grundthemas. In der inversus-Form (untere Zeile) sind alle Noten an einer Achse gespiegelt.

Dieses Siegel Bachs ist aus den Initialen JSB (gerade und spiegelverkehrt) aufgebaut. In der Krone sind Zahlensymbole verborgen: die sieben Zacken, die drei Blütenblätter im Zentrum usw.

Fluchtlinie.

Das Prinzip der Fuge ist ziemlich einfach: Ein melodisches Motiv oder Thema wird in einer der vier Stimmen Sopran, Alt, Tenor oder Baß vorgestellt und von den anderen übernommen, „beantwortet". Während der Durchführung kann

es verändert werden: Seine Notenwerte können verdoppelt oder halbiert, es kann variiert oder umgekehrt werden.

In der „Kunst der Fuge" werden grundsätzlich zwei Themenformen verarbeitet: das Originalthema und seine Umkehrung. Manche Fugen gebrauchen nur eine Form von beiden, manche beide zusammen. Beide Formen treten mit ihren Vergrößerungen oder Verkleinerungen gleichzeitig auf und werden melodisch und rhythmisch verändert. Neue Themen kommen hinzu, sie werden mit dem Grundthema oder seiner Umkehrung zu Doppel- und Tripelfugen

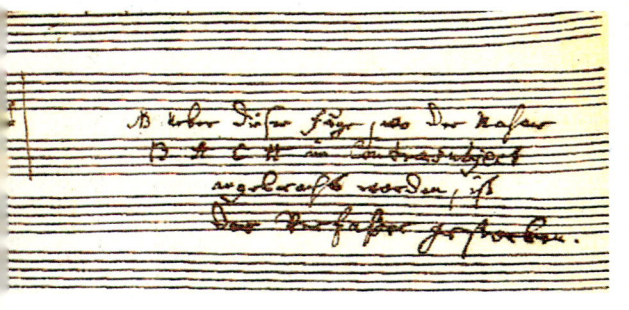

kombiniert. In den Spiegelfugen wird der gesamte Notentext an einer Achse gespiegelt, ohne daß eine Note geändert werden müßte. Verschiedene Arten von Kanons ergänzen das Bild zu einer Spirale, die sich ins Unendliche fortzusetzen scheint.

An ihrem Ende steht der berühmte Contrapunctus 14, jene unvollendete Fuge, deren Niederschrift Bach vor seinem Tod nicht mehr beendet hat. Er hat sie und damit das gesamte Werk nach seiner Gewohnheit signiert. Das neue Thema, das dort in Takt 194 auftaucht, ist aus den Buchstaben seines Namens aufgebaut, BACH, und erzeugt eine schmerzlich eskalierende Chromatik.

Weder das autographe Manuskript der „Kunst der Fuge" noch der postume Druck enthalten eine Instrumentenangabe. Dennoch steht außer Zweifel, daß es sich um ein Clavierwerk handelt. Die Notation in Partitur statt in Klaviersystemen ist bei polyphoner Musik für Tasteninstrumente üblich. Der spätere Zusatz am Ende des unvollendeten Contrapunctus 14 (links) stammt von C. Ph. Emanuel: „Ueber dieser Fuge, wo der Nahme BACH im Contrasubjekt angebracht worden, ist der Verfaßer gestorben." Doch Bach starb nicht beim Schreiben der Fuge, sondern brach ihre Aufzeichnung ab, da die nachfolgenden Notenlinien auf dem Blatt unbrauchbar sind. Es ist durchaus möglich, daß die Fuge schon vollendet ist und Bach nur die Reinschrift nicht weiterführt. Die Fuge ist also vielleicht gar nicht „unvollendet". Da ihre drei Themen mit dem Grundthema der „Kunst der Fuge" kombinierbar sind, könnte sie die Quadrupelfuge sein, mit der Bach sein Werk beenden will.

Tenebrae lectiones.

Das Ende nähert sich mit kleinen Schritten. Um Sebastian senkt sich eine Nacht herab, die nicht nur die der Gleichgültigkeit seiner Mitbürger ist. Er kneift die Augen im Sonnenlicht zu, kann nicht mehr lesen und keine Musik mehr kopieren. Vor allem leidet er. Um ihn herum ist man bestrebt, ihm zur Seite zu stehen. Doch das Leiden ist da.

Anfang 1749 ist Bach fast blind. In Leipzig geht das Gerücht, daß seine Gesundheit sich verschlechtere – für den Rat die Gelegenheit, einen letzten Beweis seiner Grobheit zu geben, wenn es eines solchen noch bedarf. Auf Befehl des sächsischen Kanzlers Graf Brühl nimmt er am 8. Juni 1749 von einem gewissen Harrer öffentlich die „Proba zum künfftigen Kantorat zu St. Thom:, wenn der Capellmeister und Kantor Herr Sebast: Bach versterben sollte", ab. Dieser beschämende Zwischenfall ist der letzte Schlag, für Bach der letzte Kampf. Er versteht sich keineswegs dazu, vorzeitig vertrieben zu werden. Hartnäckig kämpft er weiter, kommt wieder zu Kräften und unternimmt im Oktober sogar eine letzte Reise, um den Erstgeborenen seiner Tochter Juliane Friederika zu taufen, die in diesem Jahr einen seiner Lieblingsschüler, J. Christoph Altnickol, geheiratet hat; Harrer kehrt zu Graf Brühl nach Dresden zurück, von woher er gekommen ist. Doch für Bach wird die Finsternis dichter.

Gegen März 1750 beginnen alle wieder zu hoffen, denn es erscheint der berühmte englische Wundarzt Sir John Taylor, Okulist der britischen Majestäten. Doch obwohl er eine geschickte Hand hat, kann er Bach nicht helfen. Zwei aufeinanderfolgende Operationen, am 28. März und 7. April, machen Bach, trotz vorübergehender Besserung, endgültig blind. Der unglückliche Arzt operiert zwei Jahre später und mit nicht größerem Erfolg Händel, der wie Bach vom grauen Star befallen ist. Ein trauriger Ruhm, die beiden größten deutschen Komponisten ihrer Zeit blind gemacht zu haben.

„Vor deinen Thron tret' ich hiermit."

Bach verbringt die letzten Monate seines Lebens in vollkommener Dunkelheit. Sehr geschwächt durch seine Doppeloperation und die Verschreibung schädlicher Medikamente, leidet er. Doch all das bringt ihn nicht dazu, mit dem Komponieren aufzuhören. Sein Schwiegersohn

hannis Kirche

Altnickol und ein neuer Schüler, J. Gottfried Müthel, sind
an seiner Seite, transkribieren, kopieren. Vor allem gehen
sie mit ihm zusammen noch einmal die 18 Orgelchoräle
der sogenannten „Leipziger Originalhandschift" durch,
Überarbeitungen von früheren Weimarer Kompositionen.

An ihrem Ende steht der
Choral „Vor deinen
Thron tret' ich hier-
mit" (BWV 668),
der unter dem Text
„Wenn wir in
höchsten Noe-
then sein" (BWV
668a) auch in
den Druck
der „Kunst
der Fuge"
aufgenommen
wird. Bach soll
ihn „in seiner Blindheit
einem seiner Freunde
aus dem Stegreif in
die Feder dicti-
ret" haben.

„Ich habe mich wäh-
rend meines Aufenthal-
tes damit amüsiert, bei
der einzigartigen Opera-
tion eines englischen
Arztes namens Taylor
zuzusehen, der den Star
beseitigt, indem er in
die Hornhaut oder das
Weiße im Auge ein klei-
nes spitzes Eisen von
einem halben Fuß Länge
hineinstößt. Diese
Operation, die man
Heben oder besser Sen-
ken des Stares nennt,
ist außerordentlich selt-
sam und muß mit gro-
ßer Geschicklichkeit
von dem Manne ausge-
führt werden, der mir
übrigens wie ein großer
Scharlatan vorkam. "
    Charles de Brosses,
Vertrauliche Briefe aus
Italien, 1739

Mitte Juli verlassen ihn die Kräfte.
Am 18. große Erregung: Er findet noch einmal vorübergehend seine Sehkraft wieder. Aber
einige Stunden später erleidet er einen Gehirnschlag,
dem ein heftiges Fieber folgt. Das ist das Ende. Am
22. nimmt er das Abendmahl und stirbt sechs Tage
später, am 28 Juli 1750, nach Viertel vor neun abends.

Anna Magdalena, die Einsamkeit.

Man würde es wohl gern sehen, wenn auf diesen Tod, der
sich in Würde vollendet, auch würdig reagiert würde. Das
ist nicht der Fall. Ohne Zeit mit Lobreden zu verlieren,

ernennt der Leipziger Rat Harrer zum Thomaskantor und merkt säuerlich an, „Herr Bach wäre zwar wohl ein großer Musicus aber kein Schulmann gewesen". Bachs Tod läßt Anna Magdalena in großen materiellen Schwierigkeiten zurück. Als sie die Bezahlung der Honorare ihres Mannes für das laufende halbe Jahr erbittet, werden lediglich 21 Thaler und 21 Groschen für das Quartal ausgezahlt, in dem Bach noch 10 Wochen gelebt hat. Nach der Aufteilung des Erbes lebt sie von dem Drittel, das man ihr zugestanden hat, und sichert damit den Unterhalt von Catharina Dorothea, ihrer unverheirateten Stieftochter, und ihrer beiden Töchter Carolina und Susanna. Sie muß verkaufen, was zu verkaufen ist, vor allem das, was von Sebastians musikalischem Nachlaß geblieben ist. Der Rat kauft es ihr „wegen ihrer Dürfftigkeit" für 40 Taler ab. 1760 stirbt sie in größtem Elend.

Anna Magdalena beantragt zunächst nach dem Tod ihres Mannes die Zuweisung eines Vormunds für die unmündigen Kinder, nimmt dann aber die Vormundschaft selbst auf sich – mit der Verpflichtung, nicht mehr zu heiraten.

„Nur aus einem wäre von allen immer von neuem zu schöpfen – aus Johann Sebastian Bach. "
Robert Schumann

ZEUGNISSE UND DOKUMENTE

Der Mensch

Bach war nicht mitteilsam, was seine Person betraf, ja, sein Schweigen scheint sich auf seine Umgebung übertragen zu haben. Nur wenige Dokumente zeichnen ein Bild seiner Persönlichkeit.

Das geheimnislose Äußere

In einer Rede zum Bachjahr 1985 ist der 1991 verstorbene Schriftsteller Wolfgang Hildesheimer dem Geheimnisvollen des Komponisten nachgegangen, „obgleich gerade er auf Bildern so geheimnislos wirken mag":

Ein lapidarer, ja wuchtiger Erdensohn, der sozusagen die Gesetzestafeln der Musik aufgestellt hat, dazu ein Mann Gottes, eine feste Burg, ein Luther der Musik und scheinbar ganz und gar unmythisch. Dieses Bild, eine Trivialfassung, dürfte von der bestehenden Ikonographie hervorgerufen sein. Denn Bilder zünden wie Blitze, nur sind sie wesentlich dauerhafter. In der Tat, sie sind aus dem Inneren des Betrachters nicht mehr auszumerzen. Jedermann meint daher, Bachs äußere Erscheinung parat zu haben. Dabei gibt es auch hier kaum mehr als Wahrscheinlichkeitswerte. Wir dürfen uns von der relativen Ähnlichkeit der bestehenden Bildnisse nicht irreführen lassen, vor allem nicht von den immer wiederkehrenden Topoi der Perücke und der Halsbinde, die natürlich stark ähnlichkeitsfördernd wirken, vor allem, da Bachs Perücke, eine bescheidenere, gleichsam protestantische Variante der ausladenden Allongeperücke, sonst selten dargestellt erscheint. Nicht nur sind die Provenienzquellen unverläßlich, sondern es hat auch, im Lauf eines vollen Jahrhunderts, ein Maler vom anderen abgemalt, weshalb denn Bach ausschließlich im nach links gewandten Halbprofil zu sehen ist. Und so wurde denn sein Bild mit jedem Porträtisten unwahrscheinlicher, denn zu alledem haben wir es bei den Künstlern, einschließlich des Schöpfers des am meisten strapazierten, zwar authentischen, aber stümperhaften – übrigens ebenfalls mehrmals übermalten – Bildes, Elias Gottlob Haußmann, niemals mit wahrer malerischer Qualität zu tun, sondern mit Kopisten und Restauratoren. Es handelt sich also um getrübte Sichten aus zweiter und dritter Hand, und so sehen wir denn den visuell tradierten Bach vor uns, feist und fleischig, mit einem Ausdruck, der nicht recht definierbar ist. Er wirkt eher bärbeißig und abweisend, zweifelnd und vor allem mißtrauisch, als setze er bei seinem Gegenüber Unverständnis voraus, womit er ja auch allzu oft recht gehabt haben mag.

In Wirklichkeit wissen wir also nicht, wie Bach ausgesehen hat, und schon gar nichts über seine Statur, seine Haltung oder die Wirkung seines Auftretens. Die Sekundärquelle der bildlichen Darstellung hat versagt.

Wolfgang Hildesheimer:
„Der ferne Bach"

Der jugendliche Choleriker

Akten sind mit die aussagekräftigsten Quellen über Bachs Charakter. Schon als junger Mann muß er mit einer unerträglichen Arroganz aufgetreten sein. Sie brachte ihn notwendig in Konflikt mit einer auf Ordnung bedachten Obrigkeit, die Extravaganzen nicht duldete.

Actum den 14. August 1705
Wird dem Schühler Geyersbachen was der Organist Bach wieder ihn geclaget vorgeleßen.

Ille. Negat daß er klagenden Bachen vorgepaßet, sondern alß von dem Schuster Jahnen er zu seines Kindes Tauffmahl gebethen worden, und sie abends mit denen Gevaterinnen ein ständgen gemachet sey Bach mit der TabacksPfeiffe im munde über die straße gangen kommen, darauf Geyersbach selbigen gefraget, Ob ers geständig Ihn einen Zippel Fagottisten geheißen zu haben, da er nun solches nicht läugnen können, hätte Er Bach den Degen alßbald gezogen, dagegen Er Geyersbach sich ja wehren müßen, würde sonst ihm einen schaden gethan haben.

Negat daß er Bachen anbrachter maßen geschimpfet, könne aber wohl seyn daß wenn Bach den Degen über ihn hergewolt er auf selbigen geschlagen haben möchte.

Bach. Bleibet dabey daß Geyersbach ihn zu erst geschimpfet und geschlagen wodurch er genöthiget worden nach dem Degen zu greifen, weilen er sonst nichts gehabt womit er sich defendiren können.

Geyersbach. Weiß sich nicht zu entsinnen, Bachen geschimpfet zu haben. (…)

Actum den 19. August 1705
Wird dem Organist Bachen angezeiget, daß weiln der Schühler Geyersbach in lezter Verhör den anfang zu der schlägerey gemachet zu haben läugnete, und vorgäbe daß Bach den Degen zu erst gezogen, als würde ihme obliegen zu erweißen, daß ermeldter Schühler zu erst anlaß gegeben.

Ille. Könne es mit seiner Baßen der Bachin beweißen, wann nur sonsten dero Zeugnuß alß einer Weibesperson sufficient erkannt würde.

Nos. Er hätte sonst wohl es unterwegen laßen können, daß er Geyersbachen einen Zippel fagotisten geheißen, auß dergleichen Scommatibus kähmen nachmahls dergleichen Verdrießlichkeiten, dazumahlen er ohne dem in dem ruff daß mit denen Schühlern er sich nicht vertrüge und vorgebe, er sey nur auff Choral nicht aber musicalische stücke bestellet, welches doch falsch, denn er müste alles mit musiciren helffen.

Ille. Er weigere sich nicht, wann nur ein Director musices da wehre.

Nos. Mann lebe mit imperfectis und müste er sich mit denen Schühlern vergleichen auch eines dem andern das leben nicht sauer machen. (…)

Bilanz für einen Freund

Bachs persönliche Briefe sind weitgehend verlorengegangen. Der bekannteste erhaltene ist an seinen Jugendfreund Erdmann in Danzig gerichtet. 1985 ist überraschend ein zweiter Erdmann-Brief aufgetaucht, so daß sich hier der Gang der Korrespondenz ausnahmsweise belegen läßt. Bach und Erdmann scheinen sich um 1717 wiedergetroffen zu haben. 1726 folgte das neuentdeckte Schreiben, auf das Erdmann antwortete. 1730 schließlich schrieb Bach jenen berühmten Brief, eine Lebensbilanz des 45jährigen.

Es werden nunmehr fast 4 Jahre verfloßen seyn, da E: Hochwohlgebohren auf mein an Ihnen abgelaßenes mit einer gütigen Antwort mich beglückten; Wenn mich dann entsinne, daß Ihnen wegen meiner Fatalitäten einige Nachricht zu geben, hochgeneigt verlanget wurde, als soll solches hiermit gehorsamst erstattet werden. Von Jugend auf sind Ihnen meine Fata bestens bewust, biß auf die mutation, so mich als Capellmeister nach Cöthen zohe, Daselbst hatte einen gnädigen und Music so wohl liebenden als kennenden Fürsten [Leopold]; bey welchem auch vermeinete meine Lebenszeit zu beschließen. Es muste sich aber fügen, daß erwehnter Serenißimus sich mit einer Berenburgischen Princeßin [Friederica Henrietta] vermählete, da es denn das Ansehen gewinnen wolte, als ob die musicalische Inclination bey besagtem Fürsten in etwas laulicht werden wolte, zumahln da die neüe Fürstin schiene eine amusa zu seyn: so fügte es Gott, daß zu hiesigem Directore Musices u. Cantore an der Thomas Schule vociret wurde. Ob es mir nun zwar anfänglich gar nicht anständig seyn wolte, aus einem Capellmeister ein Cantor zu werden, weßwegen auch meine resolution auf ein vierthel Jahr trainirete, jedoch wurde mir diese station dermaßen favorable beschrieben, daß endlich (zumahln da meine Söhne denen studiis zu incliniren schienen) es in des Höchsten Nahmen wagete, u. mich nacher Leipzig begabe, meine Probe ablegete, u. so dann die mutation vornahme. Hieselbst bin nun nach Gottes Willen annoch beständig. Da aber nun (1) finde, daß dieser Dienst bey weitem nicht so erklecklich als mann mir Ihn beschrieben, (2) viele accidentia dieser station entgangen, (3) ein sehr theürer Orth u. (4) eine wunderliche und der Music wenig ergebene Obrigkeit ist, mithin fast in stetem Verdruß, Neid und Verfolgung leben muß, als werde genöthiget werden mit des Höchsten Beystand meine Fortun anderweitig zu suchen. Solten Eu: Hochwohlgebohren vor einen alten treüen Diener dasiges Ohrtes eine convenable station wißen oder finden, so ersuche gantz gehorsamst vor mich eine hochgeneigte recommendation einzulegen; an mir soll es nicht manquiren, daß dem hochgeneigten Vorspruch und interceßion einige satisfaction zu geben, mich bestens befließen seyn werde. Meine itzige station belaufet sich etwa auf 700 rthl., und wenn es etwas mehrere, als ordinairement, Leichen gibt, so steigen auch nach proportion die accidentia; ist aber eine gesunde Lufft, so fallen hingegen auch solche, wie denn voriges Jahr an ordinairen Leichen accidentien über 100 rthl. Einbuße gehabt. In Thüringen kan ich mit 400 rthl. weiter kommen als hiesiges Ohrtes mit noch einmahl so vielen hunderten, wegen der exceßiven kostbahren Lebensarth. Nunmehro muß doch auch mit noch wenigen von meinem häußlichen Zustande etwas erwehnen. Ich bin zum 2ten Mahl verheurathet und ist meine erstere Frau [Maria Barbara] seelig in Cöthen gestorben. Aus ersterer Ehe sind am Leben 3 Söhne [Wilhelm Friedemann, Carl Philipp Emanuel, Johann Gottfried Bernhard] u. eine Tochter [Catharina Dorothea], wie solche Eu. Hochwohlgebohren annoch in Weimar gesehen zu haben, sich hochgeneigt erinnern werden. Aus 2ter Ehe sind am Leben 1 Sohn [Gottfried Heinrich] u. 2 Töchter [Elisabeth Juliana Friederica, Regina Johanna]. Mein ältester Sohn ist ein Studiosus Juris, die andern beyden frequentiren noch, einer primam der andere 2dam Classem, u. die älteste Tochter ist auch noch unverheurathet. Die Kinder anderer Ehe sind noch klein, u. der Knabe als erstgebohrener 6 Jahr alt. Insgesamt aber sind sie gebohrne Musici, u. kan versichern, daß schon ein Concert Vocaliter u. Instrumentaliter mit meiner Familie formiren kan, zumahln da meine itzige Frau [Anna Magdalena] gar einen sauberen Soprano singet, auch meine älteste Tochter nicht schlimm einschläget. Ich überschreite fast das Maaß der Höflichkeit wenn Eu: Hochwohlgebohren mit mehreren incommodire, derowegen eile zum Schluß mit allem ergebensten respect zeit Lebens verharrend Eu: Hochwohlgebohren gantz gehorsamstergebenster Diener Joh: Seb: Bach.

[An Georg Erdmann in Danzig – Leipzig, 28. 10. 1730 I/23]

Der besorgte Vater

Den bewegendsten Brief schrieb Bach nach dem plötzlichen Verschwinden seines Sohnes J. Gottfried Bernhard aus Sangerhausen an einen dortigen Bekannten. Es ist ein Dokument für den in seinen Hoffnungen enttäuschten, aber auch liebend besorgten Familienvater.

Eu: HochEdlen werden nicht ungütig nehmen, daß Dero geehrteste Zuschrifft wegen Abwesenheit nicht ehe weder itzo beantworten können, weiln erstlich vor zwey Tagen von Dreßden retourniret. Mit was Schmerzen und Wehmuth aber diese Antwort abfaße, können Eu: HochEdlen von selbsten als ein Liebreich- und wohlmeynender Vater Dero Liebsten EhePfänder beurtheilen. Meinen (leider mißrathenen) Sohn habe seit vorm Jahre, da die Ehre hatte von Eu: HochEdlen viele Höfligkeiten zu genießen, nicht mit einem Auge wieder gesehen. Eu: HochEdlen ist auch nicht unwißend, daß damahln vor selbigen nicht alleine den Tisch, sondern auch den Mühlhäuser Wechsel (so seinen Auszug vermuthlich damahlen causirete) richtig bezahlet, sondern auch noch einige Ducaten zu Tilgung einiger Schulden zurück ließ, in Meynung nunmehro ein anderer genus vitae zu ergreiffen. Ich muß aber mit äußerster Bestürtzung abermahligst vernehmen, daß er wieder hie und da aufgeborget, seine LebensArth nicht im geringsten geändert, sondern sich gar absentiret und mir nicht den geringsten part seines Aufenthalts biß dato wißend gemacht. Waß soll ich mehr sagen oder thun? Da keine Vermahnung, ja gar keine liebreiche Vorsorge und assistence

mehr zureichen will, so muß mein Creütz in Gedult tragen, meinen ungerathenen Sohn aber lediglich Göttlicher Barmhertzigkeit überlaßen, nicht zweiflend, Dieselbe werde mein wehmüthiges Flehen erhören, und endlich nach seinem heiligen Willen an selbigem arbeiten, daß er lerne erkennen, wie die Bekehrung einig und allein Göttlicher Güte zuzuschreiben. Da nun Eu: HochEdlen mich expectoriret, als habe das zuversichtliche Vertrauen, Dieselben werden die üble Aufführung meines Kindes nicht mir imputiren, sondern überzeüget seyn, daß ein getreüer Vater, dem seine Kinder ans Hertze gehen, alles suche zu beweckstelligen, um Deroselben Wohl befördern zu helffen: Welches

mich auch veranlaßet, bey damahliger Dero vacance Ihnen selbigen bestens zu empfehlen, in Hoffnung, die Sangerhäuser civilisirtere LebensArth u. die vornehmen Gönner würden Ihn gleichmäßig zu anderer Aufführung bewegen, Derowegen auch nochmahlen gegen Eu: HochEdlen als dem Urheber seiner Beförderung hiemit meinen schuldigsten Danck abstatte, auch nicht zweifle, Eu: HochEdlen werden nur in so lange Eu: HochEdlen Rath suchen zu disponiren mit der gedroheten mutation zu verzögern, biß ausfündig zu machen ist, wo er sich aufhalte: (Gott ist mein allwißender Zeüge, daß ihn seit vorm Jahre nicht wieder zu sehen bekommen:) Um zu vernehmen, was er gesonnen

fernerhin zu thun? Zu bleiben, u.
seine LebensArth zu ändern? oder
sein fortun anderwerts zu suchen? Ich
will nicht gerne, daß Eu: HochEdler
Rath mit selbigem soll belastiget seyn,
sondern nur noch so viel patience mir
ausbitten, biß er wieder zum Vor-
scheine komme, oder man sonsten
erfahren könne, wohin er sich gewen-
det. Da auch verschiedene creditores
sich bey mir gemeldet, ich aber ohne
meines Sohnes mündliche oder
schrifftliche Geständniß zu derensel-
ben Zahlung nicht wohl verstehen
kan (wie in allen Rechten gegründet)
als ersuche Eu: HochEdlen gantz
dienstlich, daß Dieselben die Gütig-
keit haben u. genaue Erkundigung seines Aufenthalts einziehen u. mir so
dann sichere Nachricht zu ertheilen
belieben mögen, um so dann die
letzte Hand anzulegen, u. zu versuchen ob unter Göttlichem Beystand
das verstockte Hertz gewonnen u. zur
Erkändniß gebracht werden könne.
Da Er auch bißhero das Glück gehabt
bey Eu: HochEdlen zu logieren, als
will mir zugleich ausbitten mich zu
benachrichtigen, ob er seine wenige
meublen mit genommen, oder was
noch von denenselben vorhanden. In
Erwartung baldigster Antwort, auch
anwünschung vergnügterer Ferien
weder ich haben werde, beharre nebst
gehorsamsten Empfehl an Dero Frau
Gemahlin Eu: HochEdlen gantz er-
gebenster Diener Joh. Seb. Bach.
        [An J. F. Klemm in Sangerhausen –
            Leipzig, 24. 5. 1738 I/42]
Zit. n.: Hans-Joachim Schulze (Hrsg.):
„J. S. Bach – Dokumente seines Lebens"

Der gebrochene Kranke

*Die Bach bis ins hohe Alter zugeschriebe-
nen „munteren Seelenkräfte" sind zuletzt
durch die Blindheit gebrochen worden,
wenn man seinem Schüler Kittel glauben
darf. Die Legende von Bachs „Sterbechoral" erhält hier übrigens eine neue
Variante.*

Die Jahre, welche Kittel in dem Hause
des Kapellmeisters Johann Sebastian
Bach's, des Vaters, damaligen Cantors
an der Thomasschule zu Leipzig,
zubrachte, waren zugleich die letzten
Lebensjahre dieses großen Mannes
und durch manche Leiden getrübt.
Besonders versetzte ihn eine in diesen
Jahren entstandene und zuletzt beinahe völlige Blindheit oft in eine sehr
melancholische Stimmung. In einer
dieser düsteren Stunden war es, wo er
Kitteln jenen fugirten Choral: Wenn
wir in höchsten Nöthen etc. in die
Feder diktirte – ein für jeden Freund
der Bach'schen Muße gewiß ewig
theures Denkmal der wehmütigen,
nahe an Verzweiflung gränzenden, nur
allein durch Religion in Schranken
gehaltenen Gefühle seines Verfassers.
        Friedrich August Roeber:
        *„Beiträge zur Belehrung und
        Unterhaltung"*

Der häusliche Bach

Über Bachs tägliches Leben ist wenig genug bekannt: Hausrechnungen, die Berichte Forkels über den Familienvater und Emanuels über den „Taubenschlag", dem die Bachsche Wohnung mit ihren ständigen musikalischen Gästen glich. Einen persönlichen Einblick gewährt die Korrespondenz des Vetters J. Elias, der einige Zeit in Bachs Haus lebte.

Es hat nemlich nur gedachter Herr CapellMeister, als er in vergangener Faste von Halle zurücke kam, unter dem vielen Guten seiner Frau Liebste auch dieses referirt, daß Ew. WohlEdlen einen Hänfling besäßen, welcher durch die geschickte Anweisung seines LehrMeisters sich besonders im Singen hören ließe; Weil nun meine Frau Muhme eine große Freundin von dergleichen Vögeln sind, als habe mich hierdurch erkundigen sollen, ob Ew. WohlEdlen diesen Sänger gegen billige Bezahlung an Sie zu überlaßen u. durch sichere Gelegenheit zuübersenden etwa möchten gesonnen seyn.
[An J. G. Hille in Glaucha – Leipzig, Juni 1740 II/477]

Ohnerachtet der Herr Vetter sich geneigt offeriren, fernerhin mit dergleichen liqueur zu assistiren; So muß doch wegen übermäßiger hiesigen Abgaben es depreciren; denn da die Fracht 16 gr. der Überbringer 2 gr. der Visitator 2 gr. die Landaccise 5 gr. 3 pf. u. generalaccise 3 gr. gekostet hat, als können der Herr Vetter selbsten ermeßen, daß mir jedes Maaß fast 5 gr. zu stehen kömt, welches denn vor ein Geschencke alzu kostbar ist. etc.
[An Johann Elias Bach in Schweinfurt – Leipzig, 2. 11. 1748 I/50]

HochEdler etc. Hochgeehrter Herr Vetter.

Daß Sie nebst Frauen Liebsten sich noch wohl befinden, versichert mich Dero gestriges Tages erhaltene angenehme Zuschrifft, nebst mit geschickten kostbaren Fäßlein Mostes, wofür hiermit meinen schuldigen Danck abstatte. Es ist aber höchlich zu bedauren, daß das Fäßlein entweder durch die Erschütterung im Fuhrwerck, oder sonst Noth gelitten; weiln nach deßen Eröffnung und hiesiges Ohrtes gewöhnlicher visirung, es fast auf den 3ten Theil leer u. nach des visitatoris Angebung nicht mehr als 6 Kannen in sich gehalten hat; und also schade, daß von dieser edlen Gabe Gottes das geringste Tröpfflein hat sollen verschüttet werden.
[An Johann Elias Bach in Schweinfurt – Leipzig, 2. 11. 1748 I/50]
Zit. n.: Hans-Joachim Schulze: *„J. S. Bach – Dokumente seines Lebens"*

In Amt und Würden

Bach war ein unbequemer Untergebener. Stets hat er eigene Interessen den Verpflichtungen des Amtes vorgezogen und ist damit erwartungsgemäß auf Widerstand gestoßen.

Bachs Amtsausübung

Es ist unumgänglich, Bachs musikalische Interessen im Verhältnis zu seiner Amtsausübung unter biographischen Perspektiven zu betrachten. Von Anfang an hat er es verstanden, sein berufliches Leben in eigene Regie zu nehmen. Dies beginnt sich bereits abzuzeichnen in der für den Fünfzehnjährigen überaus erstaunlichen Abnabelung von der engeren und weiteren Bach-Familie mit dem Weg ins entfernte Lüneburg. Auseinandersetzungen und Konfrontationen mit Behörden und Fürsten hat er später nicht gescheut. Promotionen betrieb er selbst in geschickter und hartnäckiger Art, wenn man die Vorgänge um die Konzertmeister-Ernennung 1714 (mit Rufabwendung Halle) oder um den Hofcompositeur-Titel 1736 durchschaut im Blick auf die Festigung der beruflichen Autorität. Denkbar ist es,

daß Bach mit der Hamburger Bewerbung 1720 sowie der Dedikation der sechs Konzerte an den Markgrafen Christian von Brandenburg Druck auf Leopold von Anhalt-Köthen ausüben wollte, um Verbesserungen der Kapellverhältnisse zu erzwingen. Entsprechendes gälte für Bachs aus dem Erdmann-Brief zu entnehmende Bemühung um einen Ruf nach Danzig, entweder mit dem Ziel eines Stellenwechsels oder aber einer Verbesserung der Leipziger Situation. Merkwürdigerweise gibt es in diesem Zusammenhang keine Spuren einer Spekulation Bachs auf den mit Johann David Heinichens Tod 1729 vakant gewordenen Dresdner Kapellmeisterposten, es sei denn, man brächte die Dedikation der Missa BWV 232 vom Juli 1733 noch in Verbindung mit dieser Vakanz (Johann Adolf Hasses offizielle Ernennung erfolgte erst zum 1. Dezember 1733). Bachs Amtswechsel beweisen jedenfalls deutlich, wie er letztlich seine eigenen Interessen verfolgte, gegebenenfalls unter Hintanstellung seiner Dienstverpflichtungen (wie es besonders in der Leipziger Zeit zutage tritt).

Christoph Wolff:
„Bachforschung und Bachinterpretation heute"

Künstler und Bürokratie

Jede Einschränkung seiner künstlerischen Freiheit provozierte unweigerlich Bachs Widerstand, der bis zu Starrsinn und Jähzorn reichte.

Wird der Organist in der Neuen Kirchen Bach vernommen, wo er unlängst so lange geweßen, und bey wem er deßen verlaub genommen?

Ille. Er sey zu Lübeck geweßen umb daselbst ein und anderes in seiner Kunst zu begreiffen, habe aber zu vorher von dem Herrn Superintendenten verlaubnüß gebethen.

Dominus Superintendens [Johann Gottfried Olearius]. Er habe nur auf 4. Wochen solche gebethen, sey aber wohl 4. mahl so lange außenblieben.

Ille. Hoffe das orgelschlagen würde unterdeßen von deme, welchen er hiezu bestellet, dergestalt seyn versehen worden, daß deßwegen keine Klage geführet werden können.

Nos. Halthen Ihm vor daß er bißher in dem Choral viele wunderliche variationes gemachet, viele frembde Thone mit eingemischet, daß die Gemeinde drüber confundiret worden. Er habe ins künfftige wann er ja einen tonum peregrinum mit einbringen wolte, selbigen auch außzuhalthen, und nicht zu geschwinde auf etwas anders zu fallen, oder wie er bißher im brauch gehabt, gar einen Tonum contrarium zu spiehlen. Nechst deme sey gar befrembdlich, daß er bißher gar nichts musiciret worden, deßen Ursach er geweßen, weiln mit den Schühlern er sich nicht comportiren wollen, Dahero er sich zu erclähren, Ob er so wohl Figural alß Choral mit den Schühlern spiehlen wolle? Dann man ihm keinen Capellmeister halthen könne. Da ers nicht thuen wolte, solle ers nur categorice von sich sagen, damit andere gestalt gemachet und iemand der dießes thäte, bestellet werden könne.

Ille. Würde man, ihm einen rechtschaffenen Director schaffen, wolte er schon spiehlen.

Resolvitur. Soll binnen 8. tagen sich erclähren.

Eodem. Erscheint der Schühler Rambach und wird Ihm gleichfalß vorhalt gethan wegen der Disordres so bißher in der Neuen Kirchen zwischen denen Schühlern und dem Organisten passiret.

Ille. Der Organist Bach habe bißhero etwas gar zu lang gespiehlet, nachdem ihm aber vom Herrn Superintendenten deswegen anzeige beschehen, währe er gleich auf das andere extremum gefallen, und hätte es zu kurtz gemachet.

[Protokoll des Konsistoriums – Arnstadt, 21. 2. 1706 II/16]

Es (sey) doch billiger, daß der Cantor dem Herrn Vorsteher u. Rectori als diese jenem ad interim nachgäben. Ich ließ dieses dem Herrn Cantori wißen, bekam aber darauf die Antwort: daß er sich daran durchaus nicht kehre, es möchte kosten was es wolle. Da nun die beiden Praefecti nach Mittage wiederum jeder an den ihn von mir angewiesenen Orth gegangen waren, hat er den Krausen wieder mit großen Schreyen u. Lermen von dem Chor geiagt, und dem alumno Claus befohlen, an statt des Praefecti zu singen; der es auch gethan, und sich deshalber bey mir nach der Kirche entschuldiget. Wie mag denn also der Herr Cantor vorgeben, daß kein alumnus, sondern ein Student gesungen habe? Den andern Praefectum Küttlern aber, hat er des Abends, weil er mir gehorchet, vom Tische geiagt. Aus dem allen werden Ew. Magnificenz und HochEdlen Herrlichkeiten ersehen, daß die Klage des Herrn Cantoris ungegründet sey.

(…) Es gehöret nicht hierher Ew. Magnificenz und HochEdle Herrlichkeiten mit Klagen über ihn zu beschweren, welches mir aber auff eine andere Zeit vorbehalte; kann aber doch nicht um hin, nur dieses eintzige anzuführen, daß diese Verdrüßlichkeit nicht allein, sondern auch das Unglück, welches der arme nachher entlauffene Gottfried Theodor Krauße gehabt, lediglich der Nachläßigkeit des Herrn Cantoris zuzuschreiben. Denn wäre er selbst wie ihm gebühret, und da ihm nichts gefehlet, in die Braut-Meße gegangen und hätte nicht geglaubt, daß es ihm unanständig sey, bey einer Braut-Meß zu dirigiren, wo nur Choral musicirt werden soll, (aus welchen Grunde er sich schon mehr dergleichen Braut-Meßen, und nur neulich noch der Krögelischen entzogen, worüber sich auch, wie ich hören müßen, Ew. Magnificenz und

HochEdlen Herrlichkeiten Musici gegen andere Leuthe beschweret;) so würde gedachter Krauße keine Gelegenheit gehabt haben, dergleichen Excesse in und außer der Kirche zu begehen, auf welche von einem HochEdlen u. Hochweisen Rathe selbsten so harte Straffen gesetzet sind.

[J. A. Ernesti an den Rat der Stadt – Leipzig, 17. 8. 1736 II / 382]

Eu: Magnificentz und HochEdelgebohrnen Herrligkeiten wird annoch in hochgeneigten Andencken ruhen, was ich wegen derer durch Veranstellung des Rectoris auf hiesiger Thomas Schule Herrn Magister Ernesti beym öffentlichen Gottes Dienste heüte vor 8 Tagen veranlaßeten disordres bey Denenselben vorzustellen mich genöthiget gesehen. Nachdem nun anheüte Vor- und Nachmittags ein gleiches wiederum sich ereignet und ich zu Vermeidung großen Aufsehens in der Kirche und turbationis Sacrorum mich entschließen müßen die Motetta selbst zu dirigiren und nachhero das Absingen durch einen Studiosum verrichten zu laßen, auch dieses von Zeit zu Zeit immer ärger werden wird, ich auch mich ohne Dero als hoher Patronorum nachdrückliches Einsehen in Zukunfft kaum weiter gegen die mir untergebenen Schüler bey meinem Amte zu mainteniren vermöchte, mithin entschuldiget seyn würde, wenn hieraus noch mehrere und vielleicht irreparable Unordnungen entstünden; Als habe Eu: Magnificentz und HochEdelgebohrnen Herrligkeiten auch dieses geziemend vorzustellen nicht Umgang nehmen können, nebst gehorsamster Bitte, Dieselben geruhen dem Herrn Rector

ohnverzüglich hierinnen Einhalt zu thun, ...

[J. S. Bach an den Rat der Stadt – Leipzig, 19. 8. 1736 I / 35]

Der communicirte Verlauff wegen des alumni [Johann Gottlob] Kraußen und der ihm eigenmächtig und ohne hinlängliche Ursache genommenen Praefectur ist weder völlig, ... noch wahrhaftig. Herr Bach weiß nichts anzuführen, als seine Untüchtigkeit, weil er meynet, man werde ihm das Urtheil darüber nicht alleine zugestehen, sondern es auch in diesem Falle vor richtig und unpartheyisch halten. Allein gleichwie ich schon andere Proben anführen könnte, daß man sich auf seine testimonia hierinne nicht allezeit verlaßen kann, und wohl eher ein alter Species Thaler einen Discantisten gemacht, der so wenig einer gewesen, als ich bin; so bin ich auch gewis versichert, daß sein Vorgeben hierinne gäntzlich unrichtig ist, und versichere ich bey meiner Ehre, daß ich gleich von Anfange nicht ein Wort zu der Veränderung hätte sagen wollen, wenn es nur die geringste Wahrscheinlichkeit hätte.

[J. A. Ernesti an den Rat der Stadt – Leipzig, 13. 9. 1736 II / 383]

Künstler und Mitarbeiter

Kulant erwies sich Bach gegenüber allen, die seine Arbeit unterstützten, wie besonders den Leipziger Studenten, ohne die er auch in der Thomaskirche nicht auskam.

Demnach mich Endes-Unterschriebenen, Mr: Friedrich Gottlieb Wild, Cand: jur: und renommirter Musicus freundlich gebethen, Wegen seiner

Profectuum in studiis so wohl als wegen der edlen Music, ihm mit einem glaubwürdigem Attestato an die Hand zu gehn; Als habe solches wegen christlicher Schuldigkeit nicht abschlagen, sondern vielmehr mit Bestand der Wahrheit attestiren können, daß wohlgedachter Mons: Wild in die Vier Jahre so er auf hiesiger Universitaet gelebet sich allezeit fleißig und emsig erwießen, solchergestallt, daß er nicht Unsere Kirchen Music durch seine wohlerlernte Flaute-traversiere und Clavecin zieren helffen, sondern auch sich bey mir gar speciell in Clavier, General-Bass und denen daraus fließenden Fundamental-Regeln der Composition informiren laßen, daß er sich bey aller Gelegenheit vor verständigen Musicis mit besondern Applausu hören laßen kan; Achte Ihm dießer, und seiner anderweitigen Conduite wegen, guter Beförderung würdig, mit angehengten Wunsche, daß Ihm dießes mein aufrichtiges und Schuldiges Attestat zu seinem völligem Avancement gedeyen mögte.

[J. S. Bach, Zeugnis für F. G. Wild – Leipzig, 18. 5. 1727 I / 57]

Künstler und König

Bach hat die Fürsten nur selten angesprochen. Seine Äußerungen zeugen von Untertanengeist, aber auch von dem Selbstbewußtsein als Künstler, das durch barocke Devotionsformeln hindurchschimmert.

Ew. Majestät weyhe hiermit in tiefster Unterthänigkeit ein Musicalisches Opfer, dessen edelster Theil von Deroselben hoher Hand selbst herrühret. Mit einem ehrfurchtsvollen Vergnügen erinnere ich mich annoch der ganz besondern Königlichen Gnade, da vor einiger Zeit, bey meiner Anwesenheit in Potsdam, Ew. Majestät selbst, ein Thema zu einer Fuge auf dem Clavier mir vorzuspielen geruheten, und zugleich allergnädigst auferlegten, solches alsobald in Deroselben höchsten Gegenwart auszuführen. Ew. Majestät Befehl zu gehorsamen, war meine unterthänigste Schuldigkeit. Ich bemerkte aber gar bald, daß wegen Mangels nöthiger Vorbereitung, die Ausführung nicht also gerathen wollte, als es ein so treffliches Thema erforderte. Ich fassete demnach den Entschluß, und machte mich sogleich anheischig, dieses recht Königliche Thema vollkommener auszuarbeiten, und sodann der Welt bekannt zu machen. Dieser Vorsatz ist nunmehro nach Vermögen bewerkstelliget worden, und er hat keine andere als nur diese untadelhafte Absicht, den Ruhm eines Monarchen, ob gleich nur in einem kleinen Puncte, zu verherrlichen, dessen Größe und Stärke, gleich wie in allen Kriegs- und Friedens-Wissenschaften, also auch besonders in der Musik, jedermann bewundern und verehren muß. Ich erkühne mich dieses unterthänigste Bitten hinzuzufügen: Ew. Majestät geruhen gegenwärtige wenige Arbeit mit einer gnädigen Aufnahme zu würdigen, und Deroselben allerhöchste Königliche Gnade noch fernerweit zu gönnen Ew. Majestät allerunterthänigst gehorsamsten Knechte, dem Verfasser.

[Widmung des Originaldruckes BWV 1079 – Leipzig, 7. 7. 1747 I / 173]

Der Musiker

Vor allem und in erster Linie verstand sich Bach immer als Musiker. Der Musik ordnete er alles unter, sie war ihm im Zweifel wichtiger als Konventionen oder auch als sein Gehalt.

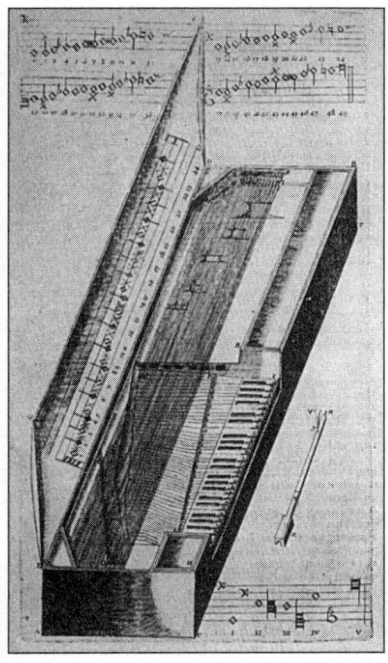

Bachs professionelle Musikernatur

Aufgewachsen als Glied einer traditionsreichen Musikerfamilie, verstand er alle Spielarten seines Handwerkes. Das breite Spektrum seiner Leipziger Aktivitäten erweist sich hier als Kulminationspunkt: Neben seiner Amtstätigkeit als Kantor und städtischer Musikdirektor und seinem zeitweiligen privaten Engagement als Direktor des Collegium musicum verstand er es, seine Karriere als konzertierender Virtuose zu pflegen und weiter auszubauen (und dies innerhalb wie außerhalb Leipzigs), eine intensive Unterrichtspraxis zu betreiben, sich als Instrumentenfachmann zu betätigen (nicht nur als Orgelsachverständiger, sondern auch als technischer Berater etwa beim Bau von Lautenklavier, Viola pomposa oder Fortepiano). Daneben kümmerte er sich um Drucklegung und Vertrieb seiner Werke, betrieb im Hause einen Buch- und Musikalienhandel (Walthers Musiklexikon und Heinichens Generalbaßlehre gehörten zum Sortiment) ebenso wie einen Noten- und Instrumentenverleih. Das Leben des „Erzkantors" bewegte sich auf durchaus irdischen Bahnen.

Diese Vielseitigkeit, das breitgefächerte Interessenfeld war gewiß auch das entscheidende Stimulans für seine enzyklopädischen kompositorischen Bemühungen um praktisch alle musikalischen Gattungen seiner Zeit. Bachs kompromißlose, professionelle Orientierung spiegelt sich wider in dem Grad der Ausarbeitung, dem technischen Anspruch sowie der allgemeinen Schwierigkeit seiner Werke. Sie kommt exemplarisch zum Ausdruck etwa in der planmäßigen Anlage seiner Serie von Klavierübungen, die auf ein Repertoire aller üblichen Gattungen (Suite, Konzert, Präludium, Fuge, Choralbearbeitungen; zwei- bis sechsstimmiger Satz; Stilmodelle und Satztechniken aller Art, etc.) für alle gebräuchlichen Tasteninstrumente (ein- und zweimanualiges Cembalo; große wie pedallose Orgel) abzielt. Sie erscheint als die entscheidende Quelle für den in eine unverwechselbare persönliche Tonsprache integrierten Stilpluralismus, der zunehmend ein Charakteristikum der Bachschen Werkproduktion wird.

Hier ergibt sich eine konkrete Verbindung zu Bachs letztem Lebensjahrzehnt und Problemen seiner biographischen Bewältigung. Gewissermaßen den Auftakt zu jenem runden Jahrzehnt bildet die sich über mehr als drei Jahre hinziehende, 1737 von Johann Adolph Scheibe entfachte ästhetische Kontroverse um die Eigenarten des Bachschen Stils. Bach selbst schaltet sich nicht direkt in die literarische Auseinandersetzung ein, doch steht er sehr deutlich hinter seinem Verteidiger, dem Rhetorik-Dozenten Johann Abraham Birnbaum, ja er benutzt diesen geradezu als sein Sprachrohr. (…)

Die Auswirkungen (…) schlagen sich denn auch besonders klar nieder in den 1740er Jahren, jener Periode beinahe – im modernen Sinn – freischöpferischer Tätigkeit Bachs. Während die Amtsgeschäfte mit der linken Hand bewältigt werden, stellt er sich kompositorische Aufgaben besonderer Art, in der eben diese historisch-theoretische Dimension wirksam wird. Bachs in der Kontroverse mit Scheibe geschärftes Autonomieverständnis findet damit ihr Korrelat in seinem Spätwerk, dem ein Autonomiecharakter besonderer Art zueigen ist.

Christoph Wolff:
„Bachforschung und Bachinterpretation heute"

Organist und Cembalist

Bachs Art des Tasteninstrumentenspiels wurde von seinen Zeitgenossen und der nachfolgenden Generation als betont eigenständig empfunden. Hierzu können wir von Forkels bekannter Beschreibung von Bachs Spiel ausgehen. Forkel unterschied zwischen Bachs Spiel auf dem „clavier", also Clavichord und Cembalo, und seinem Orgelspiel. Obwohl Forkel selbst Bach nie spielen gehört hatte, war er jedoch mit der Spielweise der Bachsöhne vertraut. Seine Beschreibungen vom Spiel Bachs beruhten ohne Zweifel auf den Eindrücken von deren Spiel, sowie von Augenzeugenberichten über Bachs eigenes Spiel. Obwohl Forkel das Orgelspiel Bachs nicht detailliert beschreibt, stellt er dennoch eine Analogie mit dem Spiel von Bachs ältestem Sohn Wilhelm Friedemann her: „Wenn ich Wilh. Friedemann auf dem Clavier hörte, war alles zierlich, fein und angenehm. Hörte ich ihn auf der Orgel, so überfiel mich ein heiliger Schauder. Dort war alles niedlich, hier alles groß und feyerlich. Eben so war es bey Joh. Sebastian, nur beydes in einem noch höhern Grad von Vollkommenheit." Forkel beschreibt Bachs Cembalospiel wie folgt: „Bey der Ausführung seiner eigenen Stücke nahm er das Tempo gewöhnlich sehr lebhaft, wußte aber außer dieser Lebhaftigkeit noch so viele Mannigfaltigkeit in seinen Vortrag zu bringen, daß jedes Stück unter seiner Hand gleichsam wie eine Rede sprach. Wenn er starke Affekten ausdrücken wollte, that er es nicht wie manche andere durch eine übertriebene Gewalt des Anschlags, sondern durch harmonische und melodische Figuren, das heißt: durch innere Kunstmittel."

Weiter sagt Forkel: „Auch soll Seb. Bach mit einer so leichten und kleinen Bewegung der Finger gespielt haben, daß man sie kaum bemerken konnte. Nur die vorderen Gelenke der Finger waren in Bewegung, die Hand behielt auch bey den schwersten Stellen ihre gerundete Form, die Finger hoben sich nur wenig von den Tasten auf, fast nicht mehr als bey Trillerbewegungen, und wenn der eine zu thun hatte, blieb der andere in seiner ruhigen Lage. Noch weniger nahmen die übrigen Theile seines Körpers Antheil an seinem Spielen, wie es bey vielen geschieht, deren Hand nicht leicht genug gewöhnt ist." Ähnliche Beschreibungen von Bachs Spieltechnik sind an anderen Stellen zu finden: „Bach, der große Joh. Seb. Bach, hat, wie alle, die ihn gehöret haben, einmüthiglich versichern, niemals die geringste Verdrehung des Körpers gemacht; man hat kaum seine Finger sich bewegen sehen…"

Der Nekrolog von 1754 enthält die früheste Beschreibung von Bachs Musizierstil: „Sein ernsthaftes Temperament zog ihn zwar vornehmlich zur arbeitsamen, ernsthaften, und tiefsinnigen Musik; doch konnte er auch, wenn es nöthig schien, sich, besonders im Spielen, zu einer leichten und

schertzhaften Denkart bequemen." Im Nekrolog heißt es unter anderem weiter, daß Bach „sehr lebhaft(e)" „Zeitmaaße" nahm. Über Bachs Fingertechnik ist zu erfahren: „Alle Finger waren bey ihm gleich geübt; Alle waren zu der feinsten Reinigkeit in der Ausführung gleich geschickt. Er hatte sich so eine bequeme Fingersetzung ausgesonnen, daß es ihm nicht schwer fiel, die größten Schwierigkeiten mit der fließendsten Leichtigkeit vorzutragen."

Einige Jahre später beschreibt Jakob Adlung den Vortragsstil von Bach bei Marchand-Suiten: „… so spielte er sie mir vor nach seiner Art, das ist, sehr flüchtig und künstlich."

Robert Hill:
„Bach, Händel und Scarlatti in den Augen ihrer Zeitgenossen"

Dirigent

Mathias Gesner, Bachs Freund aus Weimarer Tagen und Leipziger Thomasschulrektor, zeichnete in einer Anmerkung zu Quintilians Rhetoriklehre ein flammendes Portrait des Dirigenten Bach.

Wenn Du ihn sähest, (…) wie er (…) nicht etwa nur eine Melodie singt wie der Kitharöde und seinen eigenen Part hält, sondern auf alle zugleich achtet und von 30 oder gar 40 Musizierenden diesen durch ein Kopfnicken, den nächsten durch Aufstampfen mit dem Fuß, den dritten mit drohendem Finger zu Rhythmus und Takt anhält, dem einen in hoher, dem andern in tiefer, dem dritten in mittlerer Lage seinen Ton angibt; wie er ganz allein mitten im lautesten Spiel der Musiker, obwohl er selbst den schwierigsten

Part hat, doch sofort merkt, wenn irgendwo etwas nicht stimmt; wie er alle zusammenhält und überall abhilft und wenn es irgendwo schwankt, die Sicherheit wiederherstellt; wie er den Takt in allen Gliedern fühlt, die Harmonien alle mit scharfem Ohre prüft, allein alle Stimmen mit der eigenen begrenzten Kehle hervorbringt. Sonst ein begeisterter Verehrer des Altertums, glaub' ich doch, daß Freund Bach allein, und wer sonst ihm vielleicht ähnlich ist, den Orpheus mehrmals und den Arion zwanzigmal übertrifft.

[J. M. Gesner, Fußnote zu M. F. Quintilian »De Institutione Oratoria« – Göttingen, 1738 II/432 Original lateinisch]

Lehrer

Als Lehrer scheint er alle Vorzüge und Nachteile eines impulsiven, von Musik überschäumenden Schöpfers besessen zu haben, so wie wir sie auch heute noch bei so vielen kleineren Genies wahrnehmen: Der unschätzbaren Gabe, dem Studierenden den unmittelbaren Blick in die kreative Werkstatt zu öffnen und ihn am Schaffensprozeß teilnehmen zu lassen, steht die ewig dem Lehrbetrieb widerstreitende künstlerische Ungeduld gegenüber, und oft genug scheint anstelle doktrinären Unterrichtens das dem musikfreudigen Augenblick ergebene Spielen und Zuhören getreten zu sein. Auch in seinem täglichen Chorerziehungsbetrieb scheint der Künstler oft genug mit dem Lehrer durchgegangen zu sein, wenn man den Leipziger Dokumenten glauben darf; wie man denn überhaupt den Eindruck hat, daß er sich in seinen früheren Stellungen, in Weimar und Köthen, in der Umgebung von gewandten Musikern, die er nicht zu unterrichten brauchte, mehr zu Hause gefühlt hat als in der Gesellschaft der ständig undisziplinierten, den künstlerischen Forderungen nie ganz genügenden Schar der Thomasschüler. Wie bezeichnend ist die Feststellung des Leipziger Rats in einer Sitzung kurz nach Bachs Tod: Man brauche für den freigewordenen Posten statt eines Kapellmeisters einen Kantor, und „Herr Bach wäre zwar ein großer Musikus, aber kein Schulmann gewesen".

Paul Hindemith:
„Johann Sebastian Bach.
Ein verpflichtendes Erbe"

Praktiker

Beinahe so sagenumwoben wie sein Spiel war schon zu Bachs Zeit seine Kenntnis in praktischen Fragen der Kunst: Cembalostimmung, Orgelbau und Akustik.

Seinen Flügel konnte ihm Niemand zu Dank bekielen; er that es stets selbst. Auch stimmte er so wohl den Flügel als sein Clavichord selbst, und war so geübt in dieser Arbeit, daß sie ihm nie mehr als eine Viertelstunde kostete. Dann waren aber auch, wenn er fantasirte, alle 24 Tonarten sein; er machte mit ihnen was er wollte. (...)

Zu allen diesem kam noch die eigene Art, mit welcher er die verschiedenen Stimmen der Orgel mit einander verband, oder seine Art zu registriren. Sie war so ungewöhnlich, daß manche Orgelmacher und Organisten erschraken, wenn sie ihn registriren sahen. Sie glaubten, eine solche Vereinigung von Stimmen könne unmöglich gut zusammen klingen; wunderten sich aber sehr, wenn sie nachher bemerkten, daß die Orgel gerade so am besten klang, und nun etwas Fremdartiges, Ungewöhnliches bekommen hatte, das durch ihre Art zu registriren, nicht hervor gebracht werden konnte.

Diese ihm eigene Art zu registriren war eine Folge seiner genauen Kenntniß des Orgelbaues, so wie aller einzelnen Stimmen. Er hatte sich frühe gewöhnt, jeder einzelnen Orgelstimme eine ihrer Eigenschaft angemessene Melodie zu geben, und dieses führte ihn zu neuen Verbindungen dieser Stimmen, auf welche er außerdem nie verfallen seyn würde. (...)

Solche Beobachtungen konnten und mußten ihn allerdings auch auf Versuche führen, durch ungewöhnliche Vereinigung verschiedener Orgelstimmen vor und nach ihm unbekannte Wirkungen hervor zu bringen. (...)

Da er den Orgelbau so vollkommen verstand, so konnte er in keiner Sache dabey irre geführt werden. Das erste, was er bey einer Orgeluntersuchung that, war, daß er alle klingenden Stimmen anzog, und das volle Werk sodann so vollstimmig als möglich spielte. Hierbey pflegte er im Scherze zu sagen: er müsse vor allen Dingen wissen, ob das Werk eine gute Lunge habe. Sodann ging er an die Untersuchung einzelner Theile. Seine Gerechtigkeit gegen die Orgelbauer ging übrigens so weit, daß, wenn er wirklich gute Arbeit, und die dafür accordirte Summe zu geringe fand, so daß der Orgelbauer offenbar mit Schaden gearbeitet haben würde, er die Vorsteher zu angemessenen Nachschüssen zu bewegen suchte, und mehrere Mahle auch wirklich dazu bewog.

Johann Nikolaus Forkel:
„Ueber Johann Sebastian Bachs Leben, Kunst und Kunstwerke"

Der umstrittene Komponist

Bachs allgemeine Schweigsamkeit erstreckte sich auch auf ästhetische Fragen seiner Kompositionskunst. Erst 1737 zwang ihn der Angriff des Hamburger Kritikers Scheibe zu einer Stellungnahme, die er durch den Leipziger Magister Birnbaum vortragen ließ. In dem Meinungsstreit prallten zwei grundverschiedene Positionen aufeinander, die hier in Form eines Streitgesprächs wiedergegeben werden.

BIRNBAUM: Er setzt anfänglich an den bachischen Stücken den Mangel der Annehmlichkeit, das ist einer Melodie ohne Dissonanzen aus, oder wie andere, so es auch nicht besser wissen, zu reden pflegen, daß sie nicht ins Gehör fallen. (…) Die wahre Annehmlichkeit der Musik bestehet in der Verbindung und Abwechslung der Consonanzen und Dissonanzen, ohne Verletzung der Harmonie. Die Natur der Musik verlangt dieselbe. Die verschiedenen, insonderheit traurigen Leidenschaften können ohne diese Abwechslung, der Natur gemäß nicht ausgedrückt werden.

SCHEIBE: Es ist noch lange nicht die Folge, daß eine Musik annehmlich sey, worinnen nur allein auf die Abwechselung der Consonanzen und Dissonanzen gesehen worden. (…) Die wahre Annehmlichkeit entstehet aus wichtigern Ursachen. Eine Musik, die einen zärtlichen Affekt wirken soll, dazu aber solche aneinanderhängende harmonische Sätze gebrauchet, die aus nichts als aus einer rauhen Bindung und Auflösung der Dissonanzen besteht; ist diese annehmlich? Kann eine Musik die Zuhörer bewegen, die ein ausgesuchtes, mit einander streitendes und wüstes Geräusch verursachet, das bloß aus einer zahlreichen Reihe Dissonanzen zusammengesetzt ist, und sich folglich nur auf die Harmonie gründet, dabey denn ein fließender und deutlicher Gesang wegfällt? (…) Die überhäuften dissonirenden Sätze, der überflüssige Gebrauch derselben, wenn sie zumal durch ausschweifende Veränderungen, durch fremde abgebrochene, versteckte und undeutliche Auflösungen vermehret werden, beleidigen die Ohren Unkundiger.

BIRNBAUM: Man würde wider die allenthalben vor bekannt genommenen Regeln der Composition verstoßen, wenn man sie hindansetzen wollte. Ja selbst das gründliche Urtheil eines musikalischen Gehöres, das nicht dem pöbelhaften Geschmacke folgt, billigt dieselbe, und verwirft hingegen die simplen und aus lauter Consonanzen bestehenden Liedergen, als etwas, dessen man gar bald überdrüssig wird. Wie sorgfältig der Herr Hofcompositeur diese Abwechslung beobachte, und wie durchdringend annehmlich bey ihm die Harmonie sey, liegt in seinen Stücken deutlich am Tage. Es bekräftiget auch solches der gründliche Beyfall derjenigen, deren musikalisches Gehör, durch, ich weis, nicht, was vor einen neumodischen Geschmack, nicht verderbt ist.

SCHEIBE: Es ist endlich noch die Frage: Ob eben alle Melodien schlecht und verdrießlich sind, die zu ihren Begleitungen keine oder doch wenig Dissonanzen erfordern? (…) Es dürfte der sogenannte neumodische Geschmack (…) weit gegründeter und natürlicher seyn als der altfränkische Geschmack derjenigen, welche mit dem Herrn Verfasser den Zwang der Natur vorziehen. Und so wird denn der Tadel meines Briefstellers nicht ohne Grund seyn, weil er an den bachischen Stücken mit Recht den Mangel der Annehmlichkeit bemerket, der sich nothwendig in allzuchromatischen und dissonirenden Sachen befindet. (…) Doch gesetzt auch, die Harmonie wäre das Vornehmste, so wird ja dieselbe ebenfalls durch ein schwülstiges Wesen, durch eine überflüßige Kunst, durch den häufigen und unerlaubten Ausdruck der Manieren, durch ein beständiges und gleiches Arbeiten der Stimmen, und durch mehr andere Umstände, die hieraus folgen, ganz verdunkelt, und ihr alle Reinigkeit und aller Nachdruck entzogen.

BIRNBAUM: Es ist gewiß, daß die Stimmen in den Stücken dieses großen Meisters der Musik wundersam durch einander arbeiten: allein, alles ohne die geringste Verwirrung. Sie gehen mit einander und wider einander; beydes wo es nöthig ist. Sie verlassen einander und finden sich doch alle zu rechter Zeit wieder zusammen. Jede Stimme macht sich vor der andern durch eine besondere Veränderung kenntbar, ob sie gleich öftermals einander nachahmen. Sie fliehen und folgen einander, ohne daß man bey ihren Beschäfftigungen, einander gleichsam zuvor zu kommen, die geringste Unregelmäßigkeit bemerket. Wird dieses alles, so wie es seyn soll, zur Execution gebracht; so ist nichts schöners, als diese Harmonie. Verursachet aber die Ungeschicklichkeit der Instrumentalisten oder Sänger hierbey eine Verwirrung; so urtheilet man gewiß sehr abgeschmackt, wenn man deren Fehler dem Componisten zurechnet. Es kommt ohnedem in der Musik alles auf die Exekution an.

SCHEIBE: Da aber so wohl die Verschiedenheit der Instrumenten, als auch die unterschiedenen Kehlen der Sänger keinesweges nach dem Clavier zu beurtheilen sind: so muß mehr auf die Natur eines jeden Instruments und einer jeden Singstimme gesehen werden, als bloß allein auf die Stärke eines einzigen Instruments. Man muß auch so gar alle Behuthsamkeit anwenden, damit die Musikstücke theils bequem zum Singen und Spielen sind, theils auch nicht lauter große (...) Virtuosen zu ihrer Aufführung erfordern; weil man doch in einem musikalischen Chore niemals lauter Virtuosen antrifft. Daß man aber hierdurch den Herrn Hofcompositeur nicht fälschlich beschuldiget, ist ganz bekannt, und erhellet aus seinen meisten und künstlichsten Musikstücken auf das deutlichste.

BIRNBAUM: Ich gebe zu: daß die von dem Herrn Hofcompositeur gesetzten Stücke sehr schwer zu spielen sind, aber nur denen, die ihre Finger zu einer fertigen Bewegung und richtigen Applicatur nicht gewöhnen wollen. Indeß handelt er nicht unrecht, wenn er bey Setzung derselben nach seinen Fingern urtheilet. Sein Schluß kann kein anderer, als dieser, seyn; wozu ich es durch Fleiß und Uebung habe bringen können, dazu muß es auch ein anderer, der nur halbwege Naturell und Geschick hat, auch bringen.

Johann Adolph Scheibe:
„Critischer Musicus", 1745

Das Werk – Aufführungsfragen

„Es kommt ohne dem in der Music alles auf die Exekution an", bemerkte schon Magister Birnbaum – ein fast prophetisches Wort angesichts des nicht enden wollenden Streites um die rechte Aufführungspraxis bei Bach.

Entwurf einer „wohlbestallten" Kirchenmusik

Bach selbst hat sich 1730 zu seinen Idealvorstellungen von einer „wohlbestallten" Kirchenmusik geäußert – in jenem „kurtzen, jedoch höchstnöthigen Entwurff", den er als Eingabe an den Leipziger Rat sandte, um auf die Misere in der Thomaskantorei hinzuweisen.

Kurtzer, jedoch höchstnöthiger Entwurff einer wohlbestallten Kirchen Music; nebst einigem unvorgreiflichen Bedencken von dem Verfall derselben. Zu einer wohlbestellten Kirchen Music gehören Vocalisten und Instrumentisten.

Die Vocalisten werden hiesigen Ohrts von denen Thomas Schülern formiret, und zwar von vier Sorten, als Discantisten, Altisten, Tenoristen, und Baßisten. So nun die Chöre derer Kirchen Stücken recht, wie es sich gebühret, bestellt werden sollen, müßen die Vocalisten wiederum in 2erley Sorten eingetheilet werden, als: Concertisten und Ripienisten.

Derer Concertisten sind ordinaire 4; auch wohl 5, 6, 7 biß 8; so mann nemlich per Choros musiciren will.

Derer Ripienisten müßen wenigstens auch achte seyn, nemlich zu ieder Stimme zwey.

Die Instrumentisten werden auch in verschiedene Arthen eingetheilet, als: Violisten, Hautboisten, Fleutenisten, Trompetter und Paucker. Notabene Zu denen Violisten gehören auch die, so die Violen, Violoncelli und Violons spielen.

Die Anzahl derer Alumnorum Thomanae Scholae ist 55. Diese 55 werden eingetheilet in 4 Chöre, nach denen 4 Kirchen, worinne sie theils musiciren, theils motetten und theils Chorale singen müßen. In denen 3 Kirchen, als zu S. Thomae, S. Nicolai und der Neüen Kirche müßen die Schüler alle musicalisch seyn. In die Peters-Kirche kömmt der Ausschuß, nemlich die, so keine music verstehen, sondern nur nothdörfftig einen Choral singen können.

Zu iedweden musicalischen Chor gehören wenigstens 3 Sopranisten, 3 Altisten, 3 Tenoristen, und eben so viel Baßisten, damit, so etwa einer unpaß wird (wie denn sehr offte geschieht, und besonders bey itziger Jahres Zeit, da die recepte, so von dem Schul Medico in die Apothecke verschrieben werden, es ausweisen müßen) wenigstens eine 2 Chörigte Motette gesungen werden kan. (Notabene Wiewohln es noch beßer, wenn der Coetus so beschaffen wäre, daß mann zu ieder Stimme 4 subjecta nehmen, und also ieden Chor mit 16. Persohnen bestellen könte.)

Machet demnach der numerus, so Musicam verstehen müßen, 36 Persohnen aus.

Die Instrumental Music bestehet aus folgenden Stimmen; als:
2 auch wohl 3 zur – Violino 1.
2 biß 3 zur – Violino 2.
2 zur – Viola. 1
2 zur – Viola. 2
2 zum – Violoncello.
1 zum – Violon.
2 auch wohl nach Beschaffenheit 3 zu denen Hautbois.
1 auch 2 zum – Basson.
3 zu denen – Trompetten
1 zu denen – Paucken.
summa 18. Persohnen wenigstens zur Instrumental-Music. Notabene füget

sichs, daß das KirchenStück auch mit Flöten, (sie seynd nun à bec oder Traversieri), componiret ist (wie denn sehr offt zur Abwechselung geschiehet) sind wenigstens auch 2 Persohnen darzu nöthig. Thun zusammen 20 Instrumentisten.

Der Numerus derer zur Kirchen Music bestellten Persohnen bestehet aus 8 Persohnen, als 4. StadtPfeifern, 3 KunstGeigern und einem Gesellen. Von deren qualitäten und musicalischen Wißenschafften aber etwas nach der Warheit zu erwehnen, verbietet mir die Bescheidenheit. Jedoch ist zu consideriren, daß Sie theils emeriti, theils auch in keinem solchen exercitio sind, wie es wohl seyn solte. (...)

Dieser sich zeigende Mangel hat bißhero zum Theil von denen Studiosis, meistens aber von denen Alumnis müßen ersetzet werden. Die Herrn Studiosi haben sich auch darzu willig finden laßen, in Hoffnung, daß ein oder anderer mit der Zeit einige Ergötzlichkeit bekommen, und etwa mit einem stipendio oder honorario (wie vor diesem gewöhnlich gewesen) würde begnadiget werden. Da nun aber solches nicht geschehen, sondern die etwanigen wenigen beneficia, so ehedem an den Chorum musicum verwendet worden, succeßive gar entzogen worden, so hat hiermit sich auch die Willfährigkeit der Studiosorum verlohren; Denn wer wird ümsonst arbeiten, oder Dienste thun? (...)

Hiernechst kan nicht unberühret bleiben, daß durch bißherige reception so vieler untüchtigen und zur music sich gar nicht schickenden Knaben, die Music nothwendig sich hat vergeringern und ins abnehmen gerathen müßen. Denn es gar wohl zu begreiffen, daß ein Knabe, so gar nichts von der Music weiß, ja nicht ein mahl eine secundam im Halse formiren kan, auch kein musicalisch naturel haben könne; consequenter niemahln zur Music zu gebrauchen sey. Und die jenigen, so zwar einige principia mit auf die Schule bringen, doch nicht so gleich, als es wohl erfordert wird, zu gebrauchen seyn. Denn da es keine Zeit leiden will, solche erstlich Jährlich zu informiren, biß sie geschickt sind zum Gebrauch, sondern so bald sie zur reception gelangen, werden sie mit in die Chöre vertheilet, und müßen wenigstens tact und tonfeste seyn üm beym Gottesdienste gebraucht werden zu können. Wenn nun alljährlich einige von denen, so in musicis was gethan haben, von der Schule ziehen, und deren Stellen mit andern ersetzet werden, so einestheils noch nicht zu gebrauchen sind, mehrentheils aber gar nichts können, so ist leicht zu schließen, daß der Chorus musicus sich vergeringern müße. (…)

Da nun aber der itzige status musices gantz anders weder ehedem beschaffen, die Kunst üm sehr viel gestiegen, der gusto sich verwunderens-würdig geändert, dahero auch die ehemalige Arth von Music unseren Ohren nicht mehr klingen will, und mann üm so mehr einer erklecklichen Beyhülffe benöthiget ist, damit solche subjecta choisiret und bestellet werden können, so den itzigen musicalischen gustum assequiren, die neüen Arthen der Music bestreiten, mithin im Stande seyn können, dem Compositori und deßen Arbeit satisfaction zu geben, hat man die wenigen beneficia, so ehe hätten sollen vermehret als veringert werden, dem Choro Musico gar entzogen. Es ist ohne dem etwas Wunderliches, da man von denen teütschen Musicis praetendiret, Sie sollen capable seyn, allerhand Arthen von Music, sie komme nun aus Italien oder Franckreich, Engeland oder Pohlen, so fort ex tempore zu musiciren, wie es etwa die jenigen Virtuosen, vor die es gesetzet ist, und welche es lange vorhero studiret ja fast auswendig können, überdem auch quod notandum in schweren Solde stehen, deren Müh und Fleiß mithin reichlich belohnet wird, praestiren können; man solches doch nicht consideriren will, sondern läßet Sie ihrer eigenen Sorge über, da denn mancher vor Sorgen der Nahrung nicht dahin dencken kan, üm sich zu perfectioniren, noch weniger zu distinguiren. Mit einem exempel diesen Satz zu erweisen, darff man nur nach Dreßden gehen, und sehen, wie daselbst von Königlicher Majestät die Musici salariret werden; Es kan nicht fehlen, da denen Musicis die Sorge der Nahrung benommen wird, der chagrin nachbleibet, auch überdem iede Persohn nur ein eintziges Instrument zu excoliren hat, es muß was trefliches und excellentes zu hören seyn. Der Schluß ist demnach leicht zu finden, daß bey ceßirenden beneficiis mir die Kräffte benommen werden, die Music in beßeren Stand zu setzen. (…)

Leipzig, den 23. Aug. 1730. Joh. Seb. Bach. Director Musices.

[Denkschrift an den Rat der Stadt I/22]

Falsche Monumentalität

Paul Hindemith hat in einer berühmten Rede zum Bachjahr 1950 als einer der ersten die Rückkehr zu den Instrumenten und Besetzungsstärken von Bachs eigenen Aufführungen gefordert. Bis heute hat sich daraus ein besonderer Interpretationszweig entwickelt, die historische Aufführungspraxis.

Paul Hindemith.

Mehr oder weniger stellen wir ihn uns doch vor inmitten eines fast nie abbrechenden Orgelgetöns, das in seinen späteren Lebensjahren sich zu ständig anwachsendem Brausen ausdehnt. Orgeln in Bachs Zeit brausten jedoch nicht, unsere das volle Orchester nachahmenden Rausch-Orgeln gab es nicht. Der Orgelklang war zwar bunt, aber schlank und etwas scharf, ohne die schmierigen Zutaten, die für viele heutige Hörer gerade das Typische des Orgelklangs zu sein scheinen. (...)

Als Chordirektor denken wir ihn uns nicht minder brausend, wenn er da seine Thomaner zu gewaltigen Klangbildern hinriß. So sehr gewaltig kann es allerdings nicht geklungen haben, da er nur mit 16 Knaben- und Jünglingsstimmen die sonntägliche Kantate aufführte, von einem eher noch kleiner besetzten Orchester unterstützt, (...) – etwas ärmlich, verglichen mit der heutzutage „normalen" Besetzung, bei der man Chor- und Orchestermassen möglichst in der Stärke eines halben Infanteriebataillons ihre Gruppenschwenkungen ausführen sieht, geführt von einem Kommandanten, zu dessen alleiniger Verherrlichung der ganze Aufwand oft genug veranstaltet zu sein scheint. In der Kleinheit der Besetzung wie auch in den Klang- und Spieleigentümlichkeiten der damals gebräuchlichen Instrumente liebt man noch immer Faktoren zu sehen, die dem Komponisten unerträgliche Einschränkungen auferlegten. Hätte er stark besetzte Chöre haben können, er würde sie, so glaubt man, mit Freude angewendet haben; auch hat ihm sicherlich schon das Beethovensche oder gar Wagnersche Orchester vorgeschwebt, und das zirpende Cembalo hätte er gern mit einem modernen Konzertflügel vertauscht, wenn es möglich gewesen wäre. Nichts spricht für eine solche Auffassung. Will man sich schon nicht von Bachs meist polyphonem Chorsatz überzeugen lassen, daß nur eine kleine Besetzung ihn deutlich zum Klingen bringen kann, so braucht man nur sorgfältig seine reinen Orchesterpartituren zu studieren (die 4 Suiten und die 6 Brandenburgischen Konzerte), um zu sehen, wie er die minutiösen Feinheiten der klanglichen Gewichtsverteilung in diesen kleinen Instrumentalgruppen genießt – ein Gleichgewicht, das oft schon bei Stimmenverdopplung durch wenige Instrumente ebenso gestört wird, als wenn man die Sopranlinien der Pamina-Arie durch einen Frauenchor nachzeichnen ließe. Wir können sicher sein, daß Bach sich überaus wohl fühlte mit den ihm zur Verfügung stehenden vokalen und instrumentalen Stilmitteln, und wenn uns daran liegt, seine Musik so darzustellen, wie er sie sich vorstellte, so müssen wir die damaligen Aufführungsbedingungen wiederherstellen.

Paul Hindemith:
„Johann Sebastian Bach.
Ein verpflichtendes Erbe"

Passionen ohne Chor?

Eine noch radikalere Herausforderung an unser Bachverständnis als Hindemith hat der Amerikaner Joshua Rifkin ausgesprochen, als er behauptete, Bach habe in seinen Kantaten und Passionen gar keinen Chor verwendet.

CONCERTO: Herr Rifkin, es liegt nun einige Jahre zurück, daß Sie die Musikwissenschaft durch ihre Artikel zum Thema „Der Chor bei Bach" provozierten. Die ersten Schallplatteneinspielungen von Bach-Kantaten – jener Werkgruppe, um die es im wesentlichen geht – liegen vor. Könnten Sie kurz zusammenfassen, worin ihre besondere Art, Bachsche Vokalmusik aufzuführen, eigentlich besteht?

RIFKIN: In einem Aufsatz, der zuerst 1982 in England, dann 1985 in deutscher Fassung erschien, habe ich den Standpunkt vertreten, daß, soweit das erhaltene Stimmenmaterial von Bach erkennen läßt, es bei ihm üblich war, daß aus jedem Stimmblatt nur ein einzelner Sänger gelesen hat. d. h. eines für den Sopran, eines für den Alt, usw. Besteht aber ein solches Verhältnis zwischen Sänger und Stimmblatt, dann muß der Chor, mit dem Bach die Mehrzahl seiner Kantaten und andere Vokalwerke dargeboten hat, nur vier oder gegebenenfalls fünf bis sechs Sänger umfaßt haben. Wie gesagt: Die Grundlage dieser These ist an sich ganz einfach; sie ergibt sich aus einer Untersuchung des vorhandenen Stimmenmaterials, das m. E. gewisse Beweise für, aber keine Beweise gegen meine These enthält. (...)

CONCERTO: Was sind das für Beweise?

RIFKIN: Das läßt sich nicht so leicht zusammenfassen. Grundsätzlich sind es notationstechnische Hinweise. Sagen wir: Verschiedene Dinge würden unerklärlich, wenn nicht dieses Verhältnis zwischen Sänger und Singstimme bestanden hätte. Erstens ist es so, daß Hinweise auf die Mitwirkung von weiteren Sängern durchaus fehlen, und zwar auch dort, wo sie eigentlich zu erwarten wären, nämlich bei den Übergängen zwischen Solosachen und Chören, d. h. Stücken in voller Vokalbesetzung (vier Singstimmen), bei denen man einen Hinweis auf das Einsetzen der sog. Ripienisten, der Nebensänger, erwartet, die ja angeblich aus der gleichen Stimme gesungen haben. Da findet man eigentlich nirgendwo das Wort „Tutti" oder „Chor" oder so etwas, das man als Hinweis deuten könnte. Diese Hinweise fehlen nicht nur gelegentlich oder zufällig, sondern grundsätzlich. Und das ist schon ein bißchen provokant im Vergleich zu der älteren These, die die Mitwirkung von Ripienisten unterstellt.

Aber das sind natürlich nur negative Beweise, die ich selbst nicht so einfach gelten lassen würde. Doch es gibt eine ganze Reihe von positiven Beweisen, die zeigen, daß die Zahl der Sänger in der Tat nur jeweils eins ist. So gibt es z. B. Rollenverteilungen: Stimmen tragen Namen von Figuren, die sie gewissermaßen verkörpern. Die Tenorstimme in einer Passion etwa trägt neben der Bezeichnung „Tenor" auch den Hinweis „Evangelista", oder eine Baßstimme trägt die Bezeichnung „Jesus". In der Tat sind manchmal auch verdoppelnde Stimmen enthalten; darum ist anzunehmen und in manchen Fällen auch schlüssig zu beweisen, daß aus der Hauptstimme nur ein einzelner Sänger gelesen hat. Aber in einigen dieser Fälle sind die verdoppelnden Stimmen später hinzugefügt worden, deswegen muß man fragen: Gut, wenn bei dieser späteren Aufführung nur ein einzelner Sänger das Haupt-Stimmblatt verwendet hat, wie war es dann bei der früheren Aufführung, als es nur dieses eine Stimmblatt gab? So entsteht, wie ich meine, eine dichte Kette von Beweisen, von Einzelfällen, die einander ergänzen und nach meiner Ansicht unausweichlich zu dem genannten Schluß führen.

„Zuhause spiele ich Chopin".
Interview mit Joshua Rifkin in:
„Concerto" 10/1988

Unsicherheit der Erkenntnisse

Die Wissenschaft betont gegenüber Rifkins Thesen und den Manieren der historischen Aufführungspraxis eher die mangelhafte Überlieferung und den utopischen Geist von Bachs Musik.

Zu Bachs eigenen Aufführungen von Ensemblewerken gehörte offenbar notorisch ein Spannungsverhältnis zwischen Intention und Execution. (...)

War in bezug auf Bachs Orgelspiel die Situation insofern noch relativ günstig, als eine ideale Orgel zwar nicht verfügbar war, aber auf den erreichbaren Instrumenten der Komponist – bemerkenswerterweise, nicht notwendigerweise – sein eigener unübertroffener Interpret sein konnte, so stellte sie sich in bezug auf die Darbietung von Ensemblewerken doch weitaus problematischer dar. Insofern steht ein Urteil wie das des Bach-Schülers Heinrich Nicolaus Gerber (1790 tradiert durch dessen Sohn im Tonkünstler-Lexikon), jener habe 1724 manche „vortreffliche" Kirchenmusik unter Bachs Direktion gehört, relativ isoliert da. Das Gegenstück bildet die Aussage eines alten Kirchendieners über Bachs Kirchenmusiken: (...) „Na, die hätten Sie aber auch nur hören sollen." (...)

Bereits an einer so wesentlichen Frage wie der der Besetzungsrelationen zeigt sich, wie spärlich und mit wie vielen Unsicherheitsfaktoren behaftet die Überlieferung sich darstellt, wie wenig Anlaß besteht, mit dem Versuch „authentischer", „historisch getreuer" Darbietungen aufzuwarten. In noch stärkerem Maße gilt dies für inégalité französischer Provenienz, Rhetorik, eine spitzfindige Artikulations- und

Verzierungspraxis, Überpunktierung und andere wirklich oder scheinbar „vergessene Traditionen des Bach-Zeitalters". In welchem Maße Bachs Thomaner, Stadtmusiker und mithelfende Amateure solche Spitzenleistungen höfischer Protagonisten zu übernehmen und nachzuvollziehen vermochten, ist noch keineswegs geklärt. In heutiger Zeit erscheint dergleichen oftmals als profilbestimmend und weniger als Gegenstand ruhiger Überlegung (...). Trotzdem dürften Forschung und Praxis in ihrem Bemühen um die Wiedergewinnung historischer Praktiken weiter vorankommen. Die Erträge dürften desto mehr Überzeugungskraft erhalten, je weniger der Anspruch erhoben wird, so müsse es ehedem gewesen sein, je stärker eingeräumt wird, so oder ähnlich könne es geklungen haben. Glaubwürdige historische Modelle könnten so stärker auf die Wiedergabe mit modernen Mitteln ausstrahlen, wobei eine bedingungslose Nachahmung weder möglich noch wünschenswert erscheint. Eine Verringerung der Bandbreite aufführungspraktischer Möglichkeiten ist in naher Zukunft ebensowenig zu erwarten oder zu befürchten wie ein Konsens über Toleranzen und Modalitäten. Entscheidend für Qualitätsfragen sollte auch weiterhin allein die genaue Kenntnis von Bachs Partituren sein: „Man muß die Arbeit, wie sie in Noten gesetzt ist, ansehen." Das dort Intendierte – einschließlich der schöpferischen Utopien – bedarf aller Sorgsamkeit in Umgang und Umsetzung: „Es kommt ohne dem in der Music alles auf die execution an."

Hans-Joachim Schulze:
„Bach stilgerecht aufführen – Wunschbild und Wirklichkeit"

Klavier oder Cembalo?

Für die Interpreten ist die Entscheidung dringlicher als für die Wissenschaft. Welche Instrumente sollen sie verwenden, etwa für Bachs C(K)laviermusik?

Wie „Die Kunst der Fuge", so ist auch „Das wohltemperierte Klavier", oder sind Auszüge daraus, auf dem Cembalo aufgeführt worden und auf dem modernen Klavier, von Bläser- und Streicherensembles, von Jazzcombos und von wenigstens einer Scat singenden Vokalgruppe, wie auch auf dem Instrument, dessen Name es trägt. Und diese großartige Indifferenz gegen einen besonderen Klang ist nicht der geringste unter den Reizen, welche die Universalität Bachs betonen.

Es gibt nichtsdestoweniger ein wirkliches Gespür fürs Taktile in den meisten der achtundvierzig Präludien und Fugen, und da es dazu keine genaue Erhebung gibt, kann man getrost behaupten, daß das Werk meist auf dem modernen Klavier gespielt wird. Man kann insofern nicht gänzlich Überlegungen ausweichen, die sich darauf beziehen, wie dieses Instrument zu seinen Gunsten am besten eingesetzt werden sollte.

Im 20. Jahrhundert ist fortwährend debattiert worden, wie weit das Klavier den Interessen dieser Partitur entgegenkommen sollte. Es gibt jene, die behaupten, „daß Bach es verwendet haben würde, hätte es ihm zur Verfügung gestanden"; die andere Seite in dieser Auseinandersetzung stützt sich auf die Überlegung, daß Bach, da er keine Zugeständnisse an die Technik der Zukunft machte, im großen und ganzen innerhalb der Grenzen jener

Klänge geschrieben hat, mit welchen er vertraut war. Bachs Kompositionsmethode zeichnete sich allerdings durch seine Abneigung aus, an irgendeinem speziellen Tasteninstrument zu komponieren. Und es ist in der Tat mehr als zweifelhaft, daß sich sein Sinn fürs Zeitgenössische merklich verändert hätte, wäre sein Bestand an Hausinstrumenten durch eines von Mr. Steinways allerneuesten Klavieren „mit verbesserter Repetitionsmechanik" erweitert worden. Gleichzeitig spricht es sehr für das moderne Tasteninstrument, daß sein Klangpotential (…) sowohl eingeengt als auch erweitert, sowohl gebraucht als auch mißbraucht werden kann. Und es gibt, abgesehen von archivarischer Konsequenz, wirklich nichts, was das moderne Klavier hindert, getreulich die architektonischen Implikationen des barocken Stils im allgemeinen und des Bachschen Stils im besonderen wiederzugeben.

Eine derartige Annäherung verlangt freilich ein kritische Einstellung gegenüber jenen Fragen der Artikulation und Registrierung, die unlösbar mit Bachs Kompositionsmethode verbunden sind. Sie verlangt zumindest die Einsicht, daß ein übermäßiger Gebrauch des Haltepedals beinah unvermeidlich das gute Schiff „Kontrapunktische Ambition" auf den rhetorischen Klippen des romantischen Legatos zum Kentern bringen wird. Sie erfordert überdies, denke ich, eine gewisse Anstrengung, die Registrierkonventionen des Cembalos nachzuahmen, und sei es nur, weil die Technik, die alle Einstellungen Bachs zu Thema und Phrasenentwurf bestimmt, auf einem Verständnis des dynami-

schen Dialogs beruht. Könnte man es in Begriffen der Filmkunst ausdrücken, so war Bach ein Regisseur, der eher in Schnitten als in Überblendungen dachte. Es gibt allerdings Fälle, in denen die lineare Kontinuität seiner Werke von solcher Hartnäckigkeit ist, daß klar artikulierte Kadenzpunkte einfach nicht zu finden sind, was folglich keine überzeugende Gelegenheit für jenen Wechsel der Tastwirkung bietet, der die Antwort des Klaviers auf das Handhaben des Lautenzugs oder der Manualkoppel beim Cembalo darstellt. Solche Situationen ergeben sich sehr häufig in der „Kunst der Fuge", kaum je in den Toccatenfugen und in den „48" je nach den harmonischen Prämissen, die von einem Werk zum nächsten Anwendung finden. (In einer Fuge wie der in C-Dur aus Band 1 sind derlei Angelpunkte wegen des beständigen Überlappens der Stimmen durch „stretto" viel schwieriger auszumachen als etwa im Fall der b-Moll-Fuge aus Band 2.)

Fragen dieser Art stellen unleugbar Probleme der Anpassung, wenn man die Meisterwerke des Barocks auf heutigen Instrumenten aufführt. Sie stehen obenan auf jeder Liste praktischer Erwägungen, für die, wie eigenwillig auch immer, ein gewissenhaft arbeitender ausführender Künstler Lösungen zu finden versuchen muß. Idealerweise freilich sollten dergleichen Probleme als Katalysator dienen für jenen fruchtbaren und umfassenden Versuch der Nachschöpfung, der die höchste Freude ist, der alle analytischen Erwägungen und Schlußfolgerungen untergeordnet sein müssen.

Glenn Gould:
„Kunst der Fuge"

Das Werk – Deutungen

Nicht nur in der Praxis, auch in Theorie und Analyse reizen Bachs Werke zur Suche nach verborgenen Wahrheiten – dem Sinn und Gehalt seiner Musik. Weniger abstrakt denn hörbar ist der musikalisch-rhetorische Gehalt Bachscher Musik. Er beruht auf der im Barock gültigen Gleichsetzung zwischen Musikstück und Rede: In beiden werden rhetorische Figuren, d. h. ungewöhnliche „Formulierungen", gebraucht, um beim Hörer besondere Wirkungen hervorzurufen. Der Komponist verwendet sie vor allem in der Vokalmusik, um Texte für den Hörer „auszulegen".

Der deutsche Komponist des Barock erhebt die den Hörer bewegende Kraft und Eindringlichkeit des musikalisch mehr bildhaft oder mehr affektiv ausgemünzten Textinhalts ins Großartige und Überwältigende. Mit der musikalisch-oratorischen Textexegese verfolgt er das gleiche Ziel, wie – nach Cicero – der Redner: „docere, delectare, movere". Er will überreden („persuadere"), überzeugen, überwältigen. Unverkennbar im deutschen Barock ist die pädagogische Absicht. Gerade im Werk J. S. Bachs finden sich sprachliche Bedeutungszentren hintergründig eingearbeitet. Wo der italienische Komponist glänzen und bezwingen möchte, will der deutsche Musiker auch belehren.

(…) Der deutsche Spätbarockmusiker, etwa J. S. Bach, will den sprachlichen Gegenstand lehrhaft vereindringlichen, dramatisch bewältigen und in der Seele des Hörers zwingend vergegenwärtigen. Die Darstellungskraft der Musik – und hier vornehmlich der „Stylus theatralis" (musica scenica) – verfolgt das Ziel, die Seele des Hörers emporzureißen oder zu Boden zu schleudern, je nach dem affektuosen Stoff des literarischen Vorwurfs. Bildhaftigkeit und Affektkraft, deren die madrigaleske Musik der italienischen Spätrenaissance mächtig war, treten jetzt in Deutschland mit einem Geltungsanspruch und mit einer seither ungekannten Selbstbehauptung auf. Der Musiker des Barock vermag den Zuhörer „wie das Wachs in eine andere Forme (zu) drücken", so versichert Kuhnau. Die Musik ist fähig, den seelischen Einlaßwiderstand des Menschen zu brechen.

Rolf Dammann:
„Der Musikbegriff im deutschen Barock"

In den Kontrapunkten der Kunst der Fuge verfolgt er (Bach) den irdischen Weg der Veränderungen von dem Anfang der Sünde bis zu ihrem Ende. Das vom Menschen angestrebte und zu erreichende Ziel der Vollendung des Erlösungsweges liegt in der Zukunft verborgen. Werden die Buchstabentöne der Dux-Quinte und der Comes-Quarte D A – A D in ihre Zahlen übersetzt: 4 1 – 1 4, dann verbindet sich darin die irdische 4 mit der göttlichen 1 und die 1 mit der 4. Dieses 1-4-Verhältnis stellt nach der ältesten jüdischen Überlieferung die Grundformel der Welt dar.

Die Zahlen 1 – 4 4 – 1 vereinigen sich als 5 + 5 zur bedeutungsvollen 55 mit der Quersumme 10. Wegen ihrer Ausgewogenheit – vergleichbar der „Gerechtigkeit Gottes" – begegnet man diesem Zahlenschema 4 – 1 1 – 4 (das – welch seltsame Fügung – auch mit den Zahlennamen von J. S. Bach = 41 und Bach = 14 übereinstimmt) vorwiegend in den Kontrapunkten der Kunst der Fuge und auch in der 27. Veränderung der Aria.

So ist bereits in der Struktur des Urthemas mit Dux und Comes der Inhalt von Raum und Zeit wie die Transzendenz Gottes in Zahlen sichtbar gemacht. Aber noch ungewöhnlicher ist, daß der im Eingangskapitel der Offenbarung genannte Name Christi in seiner Namenszahl 112 erscheint. Als Gott ist Christus der königliche Herrscher und der „Fürst aller Könige auf Erden", aber als Mensch Jesus ist er das leidende Lamm Gottes. Er ist ferner in Einheit mit dem Wirken des Heiligen Geistes das Haupt seiner Kirche und Führer und Gefährte seiner Gemeinde. So ist er auch mit den beiden Themateilen Dux = Führer und Comes = Gefährte verbunden. (...)

Da in den ersten 4 x 4 = 16 Takten der Exposition das Dux-Thema mit 2 x 12 = 24 Tönen erscheint und der Comes mit 2 x 12 = 24 Tönen, so ist die Durchführung des Themas durch alle 4 Stimmen (zuerst Alt / Sopran, dann Baß / Tenor) mit 4 x 12 bzw. 2 x 24 = 48 Tönen abgeschlossen. 48 ist der bekannte Zahlenwert für „I N R I" am Kreuz Jesu. Somit ist im Thema auch der Name für das Opferlamm enthalten. Die in Zahlen übersetzten 4 Buchstaben des Wortes Lamm: L A = 11 + 1 = 12 und M M = 12 + 12 = 24 sind in 3 x 12 mit der Weltzahl 36 verbunden. Die von der Anzahl der Tierkreiszeichen abgeleitete 12 ist eine Hauptzahl in der Offenbarung, sie weist auf die ewige Himmelsstadt, auf die irdische Kirche und auf ihre 12 + 12 Häupter im AT und NT. Zu ihnen gehört Christus als höchster Priester und als Führer und Gefährte seiner Gemeinde.

Das in den 16 Takten der Exposition von Cp. I auf 48 Dux-Comes-Tönen aufgebaute Thema steigert sich in Cp. II auf 96 Töne, und in den 18 Takten der Exposition von Cp. III und IV erreicht es nach diesen beiden Umkehrungsfugen die Anzahl von 192 Dux-Comes-Tönen. Mit der Zahl 192 ist ein Hinweis auf das Endziel des Weges der christlichen Kirche gegeben, das wird sich in Cp. XX erweisen, wenn dort nach 192 Takten im 3. Fugenteil das 3. B-A-C-H-Thema einsetzt.

Hertha Kluge-Kahn:
„J. S. Bach.
Die verschlüsselten theologischen
Aussagen in seinem Spätwerk"

Mit Vorliebe wird ein mystischer Zug im Werk Bachs gefunden, ein bedeutungsschwerer Überbau über das sinnlich Wahrnehmbare, das damit Gefahr läuft, den Charakter des eigentlich Gemeinten zu verlieren. Denn es ist ein Unterschied, ob die letzte Wahrheit, die ein Kunstwerk vermitteln will, durch die erklingende Musik gleichsam hindurchscheint oder an ihr vorbei. In diesem zweiten Falle ist Bachs Musik dann nur noch das im Grunde austauschbare Vehikel, mit dessen Hilfe das in Wahrheit Gemeinte in verklausulierter, dem Hörer nicht wahrnehmbarer Form ausgesprochen wird. Die angebotenen Deutungen sind vielfältig und bedienen sich meist verschiedener Zahlenspekulationen. Friedrich Smend hat mit bedachtsamer Vorsicht Beispiele hierfür gegeben, denen man zumal da wird folgen können, wo es sich um

Werke handelt, die schon ihrer Bestimmung nach von der Gelehrsamkeit ihres Verfassers Zeugnis ablegen sollen, also z. B. um Kanons. Längst aber haben die Geister, die Smend rief, vom Gesamtwerk Bachs Besitz ergriffen, und sie schildern uns Bach als einen unentwegt Takte, Noten, Akkorde, Themeneinsätze, Tonstufen, Vorzeichen, Sätze, Stimmen, Taktarten, Textwiederholungen u. a. zählenden und nur wie zufällig nebenher noch komponierenden Kabbalisten, der mit seinen Zahlenkunststücken nicht nur eine Unmenge biblischer Anspielungen, sondern auch – offenbar in einer Art monomaner Zwangsneurose – immer wieder die Zahlen 14 und 41, also die Verschlüsselung seines eigenen Namens nach dem Zahlenalphabet, in seine Kompositionen einschmuggelt. (…)

Es geht hier nicht darum, die Richtigkeit dieser oder jener Zahlenbeziehung in Bachs Werk anzuzweifeln. Es geht auch nicht darum, zu fragen, ob Bach, eben erst nach Leipzig

Zwar kann die Zahlensymbolik selbst nicht im Bild dargestellt werden, doch die in Zahlen ausgedrückte Notation des Generalbasses weist darauf hin, daß die Kombination von Noten, Buchstaben und Zahlen jedem barocken Musiker durchaus vertraut war.

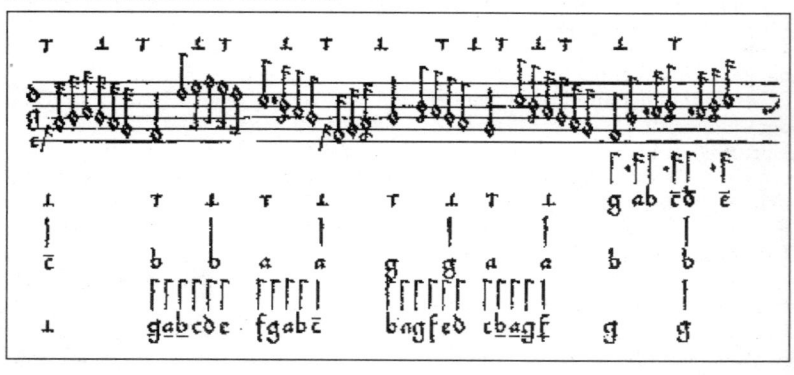

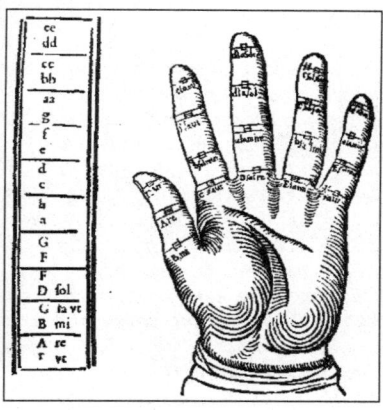

welt der Theologie so ineinander verflochten ist, daß sich jeder Begriff zu jedem anderen in irgend eine – synthetische oder antithetische – Beziehung setzen läßt, dann wird deutlich, daß jeglicher Versuch der Interpretation eines Musikstücks mit Hilfe der Zahlenmystik von vornherein zum Erfolg verurteilt ist. Fehlschläge sind absolut unmöglich. Die entscheidende Frage bleibt einzig und allein: Wo ist die Zahlensymbolik, die wir bei Bach festzustellen glauben, Absicht des Komponisten und wo nicht? Ich weiß es nicht, und ich habe den Verdacht, daß diejenigen, die tun, als wüßten sie es, das auch nicht wissen.

Alfred Dürr:
„Das Bachbild im 20. Jahrhundert"
aus: „Im Mittelpunkt Bach"

umgezogen, mitten in der Einarbeitung in seine vielfältigen neuen Ämter zwischen all dem Trubel, der ihn erwartete – Amtseinführung, Aufnahme des Lateinunterrichts an der Thomasschule, erste Aktivitäten in dem umstrittenen Amt des Universitätsmusikdirektors usw. –, noch Zeit fand, in seiner Antrittskantate zum 1. Sonntag nach Trinitatis (also nicht etwa einem Passionswerk!) nicht nur auf die Stimmigkeit der Musik und ihrer Gesetze zu achten, sondern nebenher noch Takte, Phrasen, Akkordschläge usw. zu zählen. Zu fragen ist vielmehr, ob von der angewendeten Methode der Inhaltsanalyse tatsächlich verläßliche Ergebnisse erwartet werden dürfen. Bedenkt man nämlich, daß praktisch jede Zahl entweder selbst Symbolzahl ist oder aber sich in mehrere Symbolzahlen zerlegen läßt, daß ferner, eben wo Symbole fehlen, das Zahlenalphabet zur rechten Zeit sich einstellt, bedenkt man weiter, daß die Begriffs-

Bachs Erben

Die Kurve des Vergessens und der Wiederauferstehung verlief bei Bach nicht ganz so steil, wie man gemeinhin annimmt. Seine Söhne und Schüler bewahrten ihm einen gewissen Nachruhm als Claviermeister, Mendelssohns Renaissance galt vor allem dem vergessenen Vokalkomponisten, der jedoch keineswegs sofort Anerkennung fand.

Die Söhne

„Wer der alte Bach gewesen, weiß ich wohl, aber auch daß ihm seine Söhne, ausgenommen der in Berlin, der auch sehr gut, nicht das Wasser reichen können." Mit dieser Meinung stand der Dresdener Konzertmeister J. Georg Pisendel nach 1750 allein. Wer in dieser Zeit „Bach" sagte, meinte nicht mehr Sebastian, sondern einen seiner vier berühmten Söhne. Man kann sie nach ihren Wirkungsstätten leicht unterscheiden: den „Halleschen Bach" Wilhelm Friedemann, den „Berliner" oder „Hamburger" Carl Philipp Emanuel, den „Bückeburger" J. Christoph Friedrich und den „Mailänder" oder „Londoner" J. Christian. Jeder von ihnen hat auf seine Weise das Erbe des Vaters angetreten – und an dieser Bürde getragen. Auf Wilhelm Friedemann, dem Ältesten, scheint sie, wie es Percy M. Young in seinem Buch

Carl Philipp Emanuel (1714–1788).

Wilhelm Friedemann (1710–1784).

Johann Christoph Friedrich (1732–1795).

Johann Christian (1735–1782).

„Die Bachs" 1970 formulierte, „schwerer gelastet zu haben als auf seinen Brüdern".

Auf die Ausbildung seines geliebten „Friede" verwandte der Vater besondere Sorgfalt. Für ihn legte er 1720 das „Clavierbüchlein" an, ihm zuliebe wechselte er in die Kantorenstelle nach Leipzig, um dem Sohn die akademische Ausbildung zu ermöglichen, die ihm selbst versagt geblieben war. Mit Friedemanns Fähigkeiten schritten auch die Anforderungen des Vaters zügig voran: „Wohltemperiertes Clavier" I für den jungen Cembalisten, 6 Triosonaten für den Organisten, 1726 Geigenunterricht bei Johann Gottlieb Graun, 1729 Einschreibung an der Leipziger Universität. Friedemann war, das ist offensichtlich, Sebastians große Hoffnung, und er schien die hohen Erwartungen durch seine Begabung zu rechtfertigen – „er könnte unsern Vater eher ersetzen, als wir andern zusammengenommen", wie es Philipp Emanuel neidvoll anerkannte. Doch Friedemann scheiterte – sei es an der übergroßen Aufgabe, die ihm sein Vater gestellt hatte, sei es am Widerspruch zwischen aufgeklärter Bildung und Kantorenmilieu, sei es an seinem labilen Charakter. Im „könnte" Emanuels liegt die Tragödie des Bruders verborgen.

Nachdem er 1733 an der Dresdner Sophienkirche in die Laufbahn des Organisten und Kirchenmusikers eingetreten war, machte er zunächst nicht die erhoffte Karriere. Anders als sein Vater überwand er diese frühen beruflichen Rückschläge nicht, sondern zog sich auf die Position des verkannten Genies zurück. Seine akademische Bildung ließ ihn außerdem an dem vom Vater vorgezeichneten Weg als solchem zweifeln, als er 1746 im pietistischen Halle Director musices wurde. Bachsche Arroganz, genährt aus dem Selbstbewußtsein des überlegenen Organisten und des gelehrten Komponisten, führte ihn zu Eigenmächtigkeiten im Dienst, darin noch ganz der Sohn seines Vaters. Erst nach dessen Tod kam es zur existentiellen Krise, zum Bruch mit dem Milieu: Friedemann kündigte seinen Dienst und trat eine neue Stelle nicht mehr an. Er lebte als „freischaffender Künstler" in Braunschweig und Berlin, zu einer Zeit, als es für diese Existenz noch keine Grundlagen gab. Während sich sein Ruf als „erster Orgelspieler Deutschlands" verfestigte, während führende Vertreter der Aufklärung seine Bekanntschaft suchten, trieb ihn sein launischer Charakter in die menschliche und künstlerische Isolation.

Vor allem aus jenen letzten Lebensjahren stammen die Anekdoten, die später Emil Brachvogel durch seinen populären Roman (1858) und Gustav Gründgens durch dessen Verfilmung (1941) zur sentimentalen Legende vom zerrissenen Bohémien „Friedemann" hochstilisierten. Heute überwiegen psychologische und historische Erklärungsversuche für Friedemanns Scheitern, die Percy M. Young folgendermaßen zusammenfaßte: „Friedemann Bach litt mehr als seine Brüder unter der Tatsache, der Sohn seines Vaters zu sein. Während seines Lebens durch das ungewöhnliche Verständnis, das zwischen ihm und seinem Vater herrschte; nach seinem Tode, weil er nicht gemäß der Ideale lebte, die die Heiligengeschichte für die Söhne Bachs erfunden hat. Er war (wie sein Vater) ein Rätsel."

Karl Böhmer

War in der zweiten Hälfte des 18. Jahrhunderts vom „großen Bach" die Rede, so war fast immer Carl Philipp Emanuel gemeint. Kein Wunder, daß er geradezu als ein Komponist galt, der das Gedankengut des Sturm und Drang am nachdrücklichsten vertrat: eine Tonsprache, die persönlicher Selbstausdruck sein will, die ihre Aufgabe darin sieht, „das Herz zu rühren" und „Leidenschaften zu erregen". (...) Spätestens seit der denkwürdigen Wiederaufführung der Matthäus-Passion im Jahre 1829 unter Leitung von Felix Mendelssohn-Bartholdy wurde der „große Bach" im Bewußtsein einer breiten Öffentlichkeit unzweideutig mit der Persönlichkeit Johann Sebastian Bachs identifiziert, was selbstverständlich in der klassischen Gestalt des Bachschen Œuvres seine Rechtfertigung fand. Nur zeitigte die Gegenüberstellung des Werkes beider Komponisten ein Vorurteil. Robert Schumanns Aussage aus dem Jahre 1833, Philipp Emanuel habe Johann Sebastian Bach „als schaffender Musiker bei weitem nicht" erreicht, trifft den wahren Sachverhalt nicht, weil sich der Vergleich auf Inkommensurables bezieht. Die künstlerischen Bestrebungen von Vater und Sohn, das gesellschaftliche Umfeld, in dem sie aufwuchsen, waren viel zu verschieden, als daß sich ein gemeinsamer Nenner finden ließe. Auch heute noch bisweilen hartnäckig vertretene Auffassungen, Carl Philipp Emanuel Bachs Kompositionen seien allzu simpel und wenig überzeugend im Technischen, sie wären mehr oder minder gelungene Produkte einer jener „Niederungen" der Musikgeschichte, landläufig als „Vorklassik" bezeichnet, führen zu nichts. (…) Im musikalischen Ausdruck spiegelt sich Bachs Bekenntnis zur uneingeschränkten Subjektivität. Fantasiehaftes Denken führte den Komponisten zur freien Handhabung überkommener Formen, was Zeitgenossen wiederholt zum Vorwurf musikalischer „Bizarrerie" veranlaßte – dem Musikfreund von heute erschließen sich hier neuartige, weil für ihn weitgehend unbekannte Hörweisen.

Hans-Günter Ottenberg:
„Carl Philipp Emanuel Bach"

Johann Christoph Friedrich, Bückeburger Concertmeister, ahmte die Manier Emanuels nach, erreichte sei-

Felix Mendelssohn-Bartholdy.

nen Bruder aber nicht. Er soll jedoch nach Wilh. Friedemanns Aussage unter den Brüdern der stärkste Spieler gewesen seyn, und seynes Vaters Claviercompositionen am fertigsten vorgetragen haben.

J. N. Forkel:
„Über J. S. Bachs Leben,
Kunst und Kunstwerke"

J. Christian nimmt unter den Brüdern eine Sonderstellung ein: Er verließ als einziger den engen heimatlichen Raum und ging ins Ausland, nach Italien. Dort konvertierte er zum katholischen Glauben, wurde Domorganist in Mailand und schließlich für zwei Jahrzehnte Europas berühmtester Opernkomponist mit Sitz in London – eine Karriere, die völlig außerhalb Bachscher Familientraditionen verlief. Er wurde Mozarts großes kompositorisches Idol und hat dessen Stil entscheidend beeinflußt. Daß er dennoch den gründlichen Bachschen Wurzeln treu blieb, verrät eine Äußerung Leopold Mozarts.

Hat denn Bach in London jemals etwas anderes als derley Kleinigkeiten herausgegeben? das Kleine ist Groß, wenn es natürlich – flüssend und leicht geschrieben und gründlich gesetzt ist. Es so zu machen ist schwerer als alle die den meisten unverständliche Künstliche Harmonische progressionen, und schwer auszuführende Melodyen. hat sich Bach dadurch heruntergesetzt? – – keineswegs! der gute Satz und die Ordnung, il filo – dieses unterscheidet den Meister vom Stümper auch in Kleinigkeiten.

Leopold Mozart
an seinen Sohn in Paris

Mendelssohn

Mit der Wiederaufführung der Matthäuspassion 1829 in Berlin leitete Felix Mendelssohn die Renaissance des Kirchenkomponisten Bach ein. Antisemitische und nationalsozialistische Propaganda haben ihm dieses Verdienst streitig machen und seinem Lehrer Zelter zuscheiben wollen. In Wirklichkeit hat Zelter, statt sie zu fördern, die Aufführung beinahe verhindert, wie Eduard Devrient, der erste Sänger des Jesus, eindringlich schildert.

Indessen nahmen unsere Gesangsübungen der Bach'schen Passion weiteren Fortgang und steigerten unser Aller Begeisterung dafür aufs Aeußerste.

Immer heißer wurde in mir das Verlangen, den Jesus öffentlich zu singen, immer lebhafter tauschten wir die Wünsche aus, daß es möglich sein möchte, das Wunderwerk zur Aufführung zu bringen. Aber allgemein schreckte man auch zurück vor den unüberwindlichen Schwierigkeiten, welche das Werk an sich – mit Doppelchor und Doppelorchester – dem Studium in den Weg legen würde, und vor denen, welche die Umständlichkeit der Singakademie und die abgeschlossene, unförderliche Haltung Zelters drohten. Schließlich wurde es sehr in Frage gestellt: ob das Publicum auf ein so weltfremdes Werk eingehen werde? Man hatte wohl in geistlichen Concerten hie und da ein kurzes Stück von Sebastian Bach der Merkwürdigkeit wegen hingenommen, nur die wenigen Kenner hatten Freude daran gehabt, jetzt aber sollte man einen ganzen Abend Nichts als Sebastian Bach hören, der nur als unmelodisch,

berechnend, trocken und unverständlich im Publicum bekannt war? Das würde als eine unverschämte Zumuthung erscheinen. (…)

So hoffnungslos stand es um die Auferstehung der seit hundert Jahren begrabenen Passionsmusik, selbst bei ihren Bewunderern. (…)

Mir ließ die Sache keine Ruh. Als wir im Januar 1829 eines Abends den ganzen ersten Theil des Werkes gesungen hatten – Baur dabei den Evangelisten, Kugler die vornehmsten Bässe – und wir mit einem überwältigenden Eindruck nach Haus gegangen waren, da kam mir in ruheloser Nacht der Gedanke: auf welchem Wege eine Aufführung durchzusetzen sei. Mit Ungeduld erwartete ich den späten Wintertag, Therese stimmte meinem Plane ermuthigend bei und so machte ich mich zu Felix auf. (…)

Nun stellte ich ihm die Folgerung auf: wir hätten die Matthäus-Passion als das größte und wichtigste deutsche Musikwerk erkannt, folglich dürften wir auch nicht ruhen, bis dasselbe wieder zu lebendiger Wirkung gekommen sei und wieder die Gemüther erbaue. Da mir Felix diese Aufstellungen nicht hatte widerlegen können, so durfte ich die Summe ziehen: „Die Aufführung kann zur Zeit Niemand als Du mit überzeugendem Erfolge unternehmen, folglich mußt Du es thun."

„Wenn ich's durchsetzen könnte, ja!" (…)

So verbreitet rückten wir dem alten Zelter auf's Zimmer, im Erdgeschoß der Singakademie. Vor der Tür sagte Felix mir noch: „Du, wenn er aber grob wird, geh' ich fort; ich darf mich mit ihm nicht kabbeln". – „Grob wird er ganz gewiß", antwortete ich, „aber das Kabbeln übernehme ich."

Wir klopften an. Die rauhe Stimme des Meisters rief uns laut hinein. Wir trafen den alten Riesen im dichten Tabaksqualm, mit der langen Pfeife im Munde an seinem alten, mit doppelter Claviatur versehenen Flügel sitzend. (...)

Nun begann ich meinen wohlüberlegten Vortrag von der Bewunderung des Bach'schen Werkes, das wir in seinen Freitagsmusiken zuerst kennen gelernt, dann im Mendelssohn'schen Hause weiter studirt hätten, und daß wir jetzt der dringenden inneren und äußeren Aufforderung nachgeben möchten, einen Versuch zu machen: das Meisterwerk der Oeffentlichkeit zurückzugeben und – wenn er es erlauben und unterstützen wolle – mit Hülfe der Singakademie eine Aufführung zu veranstalten.

„Ja", sagte er gedehnt und reckte dabei das Kinn in die Höhe, wie er zu thun pflegte, wenn er Etwas mit großem Nachdruck besprach, „wenn das so zu machen wäre! Dazu gehört mehr, als wir heut' zu Tage zu bieten haben." Nun verbreitete er sich über die Forderungen und Schwierigkeiten des Werkes, daß man für diese Chöre eine Thomasschule brauche, und eine, wie sie damals beschaffen gewesen, als Sebastian Bach ihr Cantor war; daß auch ein Doppelorchester nothwendig sei und daß die Violinspieler von heut zu Tage diese Musik gar nicht mehr zu tractiren verständen. Das Alles sei schon lange und vielfach bedacht und erwogen worden, und wenn sich die Schwierigkeiten so bald hätten aus dem Wege räumen lassen, so wären schon längst alle vier Passionsmusiken von Bach aufgeführt. Er war warm geworden, stand auf, legte die Pfeife weg und schritt durch's Zimmer. Wir waren auch aufgestanden, Felix zupfte mich am Rock, er gab die Sache schon verloren. (...)

Zelter war immer ärgerlicher geworden. Er hatte hie und da Aeußerungen des Zweifels und der Geringschätzung eingeworfen, bei denen Felix mich wieder am Rock gezupft, dann sich allmälig der Thür genähert hatte; jetzt platzte der alte Herr los: „Das soll man nun geduldig anhören! Haben sich's ganz andere Leute müssen vergehen lassen diese Arbeit zu unternehmen, und da kommt nun so ein Paar Rotznasen daher, denen alles das Kinderspiel ist."

Diesen Berliner Kernschuß hatte er mit äußerster Energie abgefeuert, ich hatte Mühe, das Lachen zu verbeißen. Hatte Zelter doch einen Freibrief für alle Grobheit, und für Christi Passion von Sebastian Bach und von unserm alten Lehrer konnten wir uns wohl noch mehr gefallen lassen.

Ich sah mich nach Felix um, der stand an der Thür, den Griff in der Hand und winkte mir mit etwas blassem und verletztem Gesicht zu: daß wir gehen sollten; ich bedeutete ihm, daß wir bleiben müßten und fing getrost wieder an zu argumentiren. (...)

(Eduard Devrient)

Zwei Reaktionen auf die Aufführung in Berlin spiegeln die unterschiedlichen Meinungen und Perspektiven Bachs im 19. Jahrhundert wider.

Mad. Liman hat Recht, die mir gestern sagte: „Es ist wichtig es zu hören, wie man die Nibelungen und dergleichen liest, und den Uebersetzern danken muß: aber die Poesie ist mit unserem ganzen Leben weitergeschritten; wir müssen weder Einhalt thun, noch rückwärts verweilen, nur das Rückwärts kennen: Gluck und Mozart haben Sebastian studirt; das Beste von ihm benutzt, und sind weiter." (Rahel Varnhagen)

„Was wir als die neueste Entwicklung musikalischer Classizität bezeichnen, die Reform, welche durch Mendelssohn eröffnet wurde, das hat sein Eigenthümlichstes gerade darin, daß es auf Bach zurückgriff, an seinem Geiste genährt und gestärkt. Die Wiederauffrischung seiner Passionsmusik war ein musikalisches Ereigniß, dessen Tragweite wir noch nicht absehen können. Wie sich an dem Studium des gleichsam neu entdeckten Shakespeare die Literaturrevolution der Sturm- und Drangperiode entzündete, und wie nun dieses große literarische Ereigniß in alle weiteren Entwicklungen bis zu den Romantikern, bis zur Gegenwart den Ausschlag gebend, durchgriff – so hat sich in dem Studium des neuentdeckten Bach eine wenn auch minder kriegerische Reform eingeleitet, auf welcher ein guter Theil unserer musikalischen Zukunft ruht." (Wilhelm Heinrich Riehl)

Martin Geck:
„Die Wiederentdeckung der Matthäuspassion im 19. Jahrhundert"

Die Biographen

Drei große Biographen prägen bis heute unser Bachbild; alle drei haben den nationalen Gedanken in Bachs Musik hervorgekehrt. Der erste, der Göttinger Musikgelehrte J. N. Forkel, schrieb aus dem Überschwang des deutschen Patriotismus heraus; der große Musikwissenschaftler Philipp Spitta verstand seine bislang unerreichte Materialsammlung von 1873 als Beitrag zum Kirchenkampf der Bismarckära; in Albert Schweitzers 1908 auf deutsch erschienenem Werk schließlich spiegelt sich die kritische und zugleich faszinierte Haltung des Franzosen gegenüber der Hybris deutscher Kunst wider.

Die Werke, die uns Joh. Seb. Bach hinterlassen hat, sind ein unschätzbares National-Erbgut, dem kein anderes Volk etwas ähnliches entgegen setzen kann. Wer sie der Gefahr entreißt, durch fehlerhafte Abschriften entstellt zu werden, und so allmählig der Vergessenheit und dem Untergange entgegen zu gehen, errichtet dem Künstler ein unvergängliches Denkmahl, und erwirbt sich ein Verdienst um das Vaterland; und jeder, dem die Ehre des deutschen Nahmens etwas gilt, ist verpflichtet, ein solches patriotisches Unternehmen zu unterstützen, und so viel an ihm ist, zu befördern. An diese Pflicht unser Publicum zu erinnern, diesen edlen Enthusiasmus in der Brust jedes deutschen Mannes zu wecken, achtete ich für meine Schuldigkeit, und dieß ist die Ursache, weßwegen diese Blätter früher erscheinen, als sonst geschehen seyn würde. Auch hoffe ich, daß es mir auf diesem Wege möglich seyn wird, zu einem größern Theil meiner deutschen Mitwelt zu sprechen; was ich in meiner Geschichte der Musik von Bach zu sagen habe, möchte vielleicht bloß von dem kleinen Kreise der Kunstgelehrten gelesen werden, und doch ist die Erhaltung des Andenkens an diesen großen Mann – man erlaube mir, es noch Ein Mahl zu wiederhohlen – nicht bloß Kunst-Angelegenheit – sie ist National-Angelegenheit. (…)

Ausgemacht bleibt es, wenn die Kunst Kunst bleiben, und nicht immer mehr zu bloß zeitvertreibender Tändeley zurück sinken soll, so müssen überhaupt klassische Kunstwerke mehr benutzt werden, als sie seit einiger Zeit benutzt worden sind. Bach, als der erste Klassiker, der je gewesen ist, und vielleicht je seyn wird, kann hierin unstreitig die besten Dienste leisten. Wer seine Werke erst einige Zeit studirt hat, wird bloßen Klingklang von wahrer Musik unterscheiden, und jede Manier, die er in der Folge etwa wählen mag, als guter, unterrichteter Künstler bearbeiten. Auch vor Einseitigkeit, wohin nichts so leicht als der herrschende Zeitgeschmack führt, werden wir durch das Studium solcher Klassiker bewahrt, die den Umfang der Kunst so erschöpft haben wie Bach.

Johann Nikolaus Forkel:
„Ueber Johann Sebastian Bachs Leben, Kunst und Kunstwerke"

In einem Vorworte ist es erlaubt, eine persönliche Sprache zu führen. Und so will ich denn auch die Empfindungen nicht ganz zurückhalten, mit denen ich dieses Buch bei seinem Hinaustritte in die Welt begleite. Ich entlasse es wie einen Freund, der in einsamen Jahren treu zu mir gestanden, der mit seiner reichen Fülle von Anregungen so vieles ersetzt hat, dessen Entbehrung sonst vielleicht unerträglich geworden wäre mit seinem unablässigen Hinweis auf das Höchste und Heiligste, was wir besitzen, eine stete Quelle der Erhebung und reinsten Freude war. Vielleicht war er es nur mir, und andre, an die er jetzt herantritt, finden in ihm einen ganz gewöhnlichen Menschen, dessen Umgang wenig lohne, noch weniger erfreue. Niemand weiß das, aber ich hoffe es nicht. Zu fest lebt in mir der Glaube an die stetig wachsende Bedeutung Bachs für die deutsche Nation, der er in all seinem Denken, Thun und Fühlen mit einer Entschiedenheit angehörte, wie kein andrer Künstler mehr. Als meine Vorarbeiten zu einem Werke über Deutschlands größten Kirchencomponisten begannen, dachte ich nicht, daß dessen Veröffentlichung schon in eine Zeit fallen würde, die durch heiße Geisteskämpfe beweist, wie tief, allem widersprechenden Scheine zum Trotz, das religiöse Bedürfniß dem deutschen Volke eingeboren ist. (…) Die an Zahl und Inhalt fast unbegreiflich großen kirchlichen Kunstwerke des Mannes, den wir wohl den verkörperten Musikgenius des deutschen Volkes nennen dürfen, können nicht dazu in die Welt gesetzt sein, um nach einer oder wenigen mangelhaften Vorführungen spurlos zu verschwinden. Sie müssen, sie werden im Volke lebendig werden, werden mit ihrem tiefgeschöpften, lauteren Gehalte die Gemüther überall erfüllen, sie dem Göttlichen mit neuer und verstärkter Innigkeit entgegenwenden, Leben und Kunst unserer Zeit mit der Gewalt beeinflussen, die ihrem Werthe entspricht. Möchte ich zur Erreichung dieses großen Zieles einiges beitragen! Es wäre für alle Arbeit ein überreicher Lohn.

Philipp Spitta:
„Johann Sebastian Bach"

Es gibt subjektive und objektive Künstler. Bei den ersteren liegt die Kunst in der Persönlichkeit. Ihr Schaffen ist fast unabhängig von der Zeit, in der sie leben. Sich selber Gesetz, werfen sie sich der Zeit entgegen und bringen die Formen neu hervor, in welchen sie ihre Gedanken ausdrükken. So war Richard Wagner.

Bach gehört zu den objektiven Künstlern. Diese stehen ganz in ihrer Zeit und schaffen nur mit den Formen und Gedanken, die sie ihnen darbietet. Sie üben keine Kritik an den künstlerischen Ausdrucksmitteln, die sie vorfinden, und fühlen keine innere Nötigung, neue Bahnen zu erschließen. Ihr Leben und Erleben ist nicht der einzige Nährboden ihrer Kunst, so daß man die Wurzeln ihrer Werke in den Schicksalen des Schöpfers zu suchen hätte. Die künstlerische Persönlichkeit steht bei ihnen der menschlichen frei gegenüber und hat die letztere fast als etwas Zufälliges unter sich. Bachs Werke wären dieselben, auch wenn sein Dasein ganz anders verlaufen wäre. Gesetzt, wir wüßten mehr von seinem Leben, als es der Fall ist, und alle Briefe, die er je geschrieben hat, wären uns überliefert, so würden wir über die innerliche Entstehung seiner Werke nicht besser unterrichtet sein, als wir es sind.

Die Kunst des objektiven Künstlers ist nicht unpersönlich, sondern überpersönlich. Es ist, als hätte er nur den einen Drang, alles, was er vorfindet, in einzigartiger Vollkommenheit noch einmal und definitiv darzustellen. Nicht er lebt, sondern der Geist der Zeit lebt in ihm. Alles künstlerische Suchen, Wollen, Schaffen, Sehnen und Irren vergangener und gegenwärtiger Generationen ist in ihm zusammengefaßt und wirkt sich in ihm aus. (...)

So ist Bach ein Ende. Es geht nichts von ihm aus; alles führt nur auf ihn hin. Die wirkliche Biographie dieses Meisters geben, heißt das Leben und das Entfalten der deutschen Kunst, die sich dann in ihm vollendet und erschöpft, darstellen und sie in ihrem Streben und Fehlen begreifen.

Albert Schweitzer:
„J. S. Bach"

Die Literaten

Im Gegensatz zu Mozart, dessen romantischer Lebensweg und vor allem Tod die Phantasie der Dichter beflügelten, wurde der Mensch Bach nicht zur literarischen Figur. Was Schriftsteller an ihm reizte, waren die Wirkungen seiner Musik und ihr Spannungsverhältnis zum ausführenden Musiker (Thomas Bernhards Erzählung „Der Untergeher"). Die hier zitierten sind nicht von ungefähr Dichter-Musiker wie E. T. A. Hoffmann oder Hanns Henny Jahnn, der als Orgelbeauftragter der Hansestadt Hamburg die große Orgel der Jakobikirche restaurierte, an der Bach selbst 1720 musiziert hat. Der französische Romancier Julien Green schildert dagegen aus der Perspektive des Laien sein erstes Bach-Erlebnis als junger Student im Süden der Vereinigten Staaten.

Der Kanonikus Kratzer singt bekanntlich einen himmlischen Baß, wie der Tituskopf dort bemerkt, der selbst bescheiden anführt, er sei eigentlich nur ein zweiter Tenor, aber freilich Mitglied mehrerer Singe-Akademien. Schnell wird alles zum ersten Chor aus dem „Titus" organisiert. Das ging ganz herrlich! Der Kanonikus, dicht hinter mir stehend, donnerte über meinem Haupte den Baß, als säng' er mit obligaten Trompeten und Pauken in der Domkirche; er traf die Noten herrlich, nur das Tempo nahm er in der Eil' fast noch einmal so langsam. Aber treu blieb er sich wenigstens insofern, daß er durchs ganze Stück immer einen halben Takt nachschleppte. Die übrigen äußerten einen entschiedenen Hang zur antiken griechischen Musik, die bekanntlich die Harmonie nicht kennend, im Unisono ging; sie sangen alle die Oberstimme mit kleinen Varianten aus zufälligen Erhöhungen und Erniedrigungen, etwa um einen Viertelston. – Diese etwas geräuschvolle Produktion erregte eine allgemeine tragische Spannung, nämlich einiges Entsetzen, sogar an den Spieltischen, die für den Moment nicht so wie zuvor melodramatisch mitwirken konnten durch in die Musik eingeflochtene deklamatorische Sätze, z. B.: Ach ich liebte – achtundvierzig – war so glücklich – ich passe – kannte nicht – Whist – der Liebe Schmerz – in der Farbe etc. – Es nahm sich recht artig aus. – (Ich schenke mir ein.) Das war die höchste Spitze der heutigen musikalischen Exposition: nun ist's aus! So dacht' ich, schlug das Buch zu und stand auf. Da tritt der Baron, mein antiker Tenorist, auf mich zu und sagt:

E.T.A. Hoffmann.

„O bester Herr Kapellmeister, Sie sollen ganz himmlisch phantasieren; o phantasieren Sie uns doch eins! nur ein wenig! ich bitte!" Ich versetzte ganz trocken, die Phantasie sei mir heute rein ausgegangen; und indem wir so darüber sprechen, hat ein Teufel in der Gestalt eines Elegants mit zwei Westen im Nebenzimmer unter meinem Hut die Bachschen Variationen ausgewittert; der denkt, es sind so Variatiönchen: „Nel cor mi non più sento" – „Ah vous dirai-je, maman etc.", und will haben, ich soll darauf losspielen. Ich weigere mich: da fallen sie alle über mich her. Nun so hört zu und berstet vor Langweile, denk ich und arbeite drauflos. Bei Nro. 3 entfernten sich mehrere Damen, verfolgt von Titusköpfen. Die Röderleins, weil der Lehrer spielte, hielten nicht ohne Qual aus bis Nro. 12. Nro. 15 schlug den Zweiwesten-Mann in die Flucht.

Aus ganz übertriebener Höflichkeit blieb der Baron bis Nro. 30. und trank bloß viel Punsch aus, den Gottlieb für mich auf den Flügel stellte. Ich hätte glücklich geendet, aber diese Nro. 30, das Thema, riß mich unaufhaltsam fort. Die Quartblätter dehnten sich plötzlich aus zu einem Riesenfolio, wo tausend Imitationen und Ausführungen jenes Themas geschrieben standen, die ich abspielen mußte. Die Noten wurden lebendig und flimmerten und hüpften um mich her – elektrisches Feuer fuhr durch die Fingerspitzen in die Tasten – der Geist, von dem es ausströmte, überflügelte die Gedanken – der ganze Saal hing voll dichten Dufts, in dem die Kerzen düstrer und düstrer brannten – zuweilen sah eine Nase heraus, zuweilen ein paar Augen; aber sie verschwanden gleich wieder. So kam es, daß ich allein sitzen blieb mit meinem Sebastian Bach und von Gottlieb wie von einem spiritu familiari bedient wurde! – Ich trinke! – Soll man denn ehrliche Musiker so quälen mit Musik, wie ich heute gequält worden bin und so oft gequält werde? Wahrhaftig, mit keiner Kunst wird so viel verdammter Mißbrauch getrieben als mit der herrlichen, heiligen Musika, die in ihrem zarten Wesen so leicht entweiht wird! Habt ihr wahres Talent, wahren Kunstsinn: gut, so lernt Musik, leistet was der Kunst Würdiges und gebt dem Geweihten euer Talent hin im rechten Maß. Wollt ihr ohne das quinkelieren: nun, so tut's für euch und unter euch und quält nicht damit den Kapellmeister Kreisler und andere.

E. T. A. Hoffmann:
„Kreisleriana. Johannes Kreislers,
des Kapellmeisters, musikalische Leiden"

Dank seiner Empfehlung hatte ich von Doctor Fickenscher die Erlaubnis erhalten, seinen Kurs über Musikgeschichte mitzumachen, und wir gingen auch beide, Malcolm und ich, zweimal in der Woche hin. Die Übungen fanden im Musikzimmer statt, wo sich der „handgemalte" Rubens befand. Ich glaube, wir waren nicht mehr als fünf, die wir uns um den Professor scharten, der an seinem Flügel sitzen blieb. Kurz, mager, mit einem Bocksprofil und einem Spitzbart, war er von Musik besessen wie andere von Spielleidenschaft oder von Frauen. Das gerade bewunderte ich an ihm. Gewiß, seine äußere Erscheinung reizte mich, wenn ich mit Malcolm allein war, zum Spott, denn ich war abscheulich spottsüchtig, und ich verfertigte auch von dem ungarischen Juden Karikaturen, von denen unter meinen Papieren aus jener Zeit mir noch eine vor Augen liegt, doch ich bin diesem kleinen Mann, der mich das Beste in der Musik und vor allem Bach verehren lehrte, zu großem Dank verpflichtet. Für ihn kam erst einmal Bach und dann, in großem Abstand, die gesamte übrige Musik. Nun kannte ich damals Bach noch nicht, doch eines Tages sprach Fickenscher zu uns über die h-Moll-Messe und spielte mit einer Hand das Thema des Kyrie, als ich diese schlichten Töne vernahm (es sind genau neunzehn), war mir, als tue der Himmel sich auf. Gewiß war dies einer der stärksten religiösen Eindrücke, die ich durch die Musik empfangen habe. Welch umfassender, überlegener Glaube spricht aus diesem Thema, das ein Kind behalten und nachsingen könnte! Alles Mittelmäßige und Häß-liche in meinem Leben fegte Gott selbst mit großer Hand hinweg. Ich war von einem solchen Glück erfüllt, daß ich, wenn ich den Mut gefunden hätte, es allen Anwesenden gesagt, es ihnen laut zugerufen hätte. Was Bach glaubte, das glaubte voll heftiger Liebe auch ich. Es fiel mir schwer, still zu bleiben, und als der Vortrag beendet war und Malcolm mich fragte, ob ich es interessant gefunden habe, vermochte ich nur durch ein dumpfes Murmeln Antwort zu geben. Ich mußte dieses Thema und seinen ganzen Reichtum mit mir in mein Zimmer nehmen und es mir unaufhörlich halblaut wie ein Narr wiederholen. Kyrie eleison! Kyrie eleison! Wie hatte ich unter der Schönheit des Menschenantlitzes leiden können, während in mir doch dank der Gnade Gottes die übermenschliche Schönheit des unsichtbaren Reiches war? Nur auf die Seele kam es an. Ich wollte nicht mehr die Studenten ansehen und auch nicht das elende Götzenbild aus Gips, das mir schon soviel Böses getan hatte. Gott allein! Ich war nicht verlassen. Mitsamt der ganzen Menschheit schritt ich, so schien es mir, einer lichterfüllten Menschheit entgegen, in der die Seele weder durch das Fleisch noch durch die Sünde verdunkelt werden konnte. Zum ersten Mal fühlte ich mich eins mit der Welt, und mit der ganzen Welt am Ende sogar erlöst.

Julien Green:
„Jugend"

„Thygesen hat mir einmal die Solo-
sonaten Bachs für die Violine vorge-
spielt. Seine Technik war nicht vollkommen; manchmal fiel ihm der Text
so schwer, daß er sich durch die
Musik hindurchstochern mußte; aber
inmitten des verzögerten Tempos, der
ungenauen Diktion, blühte sie noch.
Man kann einem, der leicht stottert,
mit Vergnügen zuhören, während mit
Öl gesalbte geschmeidige Lippen
wohltönendes Gähnen erwecken. Aal-
glatt, wie Schmierseife, habe ich
dieselben Sonaten vom Kolophoni-
umbogen köstlicher Namen herab-
tröpfeln hören. Das Tragische war in
perlende Eleganz verwandelt." (…)

Man kann die soziale Frage nicht
lösen. Man kann den Negern nicht
Afrika zurückgeben. Man kann den
Tieren keinen Erdteil einräumen. Man
kann die Präludien und Fugen des
wohltemperierten Klaviers verschieden
auffassen. Man kann übersehen, daß
Johann Sebastian Bach beinahe pau-
senlos dem Tragischen zuneigt. Selbst
die Vernunft seiner Kompositions-
weise ist noch schmerzhaft. Man kann
den Wert der Kunstwerke nicht mittels
einer demokratischen Abstimmung
feststellen lassen. Alle Genies würden
enthauptet, erhängt, ertränkt werden.
Wegen unverzeihlicher Verbrechen
und noch schlimmerer Volksuntüm-
lichkeit.

Hanns Henny Jahnn:
„Fluß ohne Ufer II"

Ausklang – Das Bachbild im 20. Jahrhundert

Mehr als der erste Weltkrieg bedeutet
der zweite eine große Zäsur im Kultur-
leben unseres Jahrhunderts; und es ist
nur allzu begreiflich, daß die allgemeine große Bestandsaufnahme nach
Kriegsende auch eine neue Überprü-
fung unseres Bachverständnisses mit
sich gebracht hat.

Diese Bestandsaufnahme begann
mit einem mustergültigen Bach-Werke-
Verzeichnis, das Wolfgang Schmieder
genau in der Jahrhundertmitte zum
200. Todestag Bachs vorlegen konnte.
Zugleich aber führte sie zu den Anfängen jeglicher Beschäftigung mit Bach
zurück, nämlich zu den Quellen und
dem auf ihrer Grundlage redigierten
Notentext, also zur Veröffentlichung
einer neuen Gesamtausgabe. Das
Leipziger Bach-Archiv, zugleich eine
Sammelstelle der gesamten Bachforschung, und das als Editionsinstitut
gegründete Göttinger Johann-Seba-
stian-Bach-Institut widmen sich seit
1951 gemeinsam dieser Aufgabe. (…)

Schon zu Beginn der Neuaus-
gabe zeigte sich, daß die Fundamente
sehr viel tiefer gelegt werden mußten,
als man vermutet hatte. Es fehlten
Unterlagen über den papierkund-
lichen wie den schriftkundlichen
Befund selbst der wichtigsten hand-
schriftlichen Quellen sowie über die
Provenienz der Abschriften. An diesen
Fundamenten arbeiten wir heute
noch, und ehe wir nicht einen klaren
Einblick in die Geschichte der Bach-
Überlieferung von ihren Anfängen bis
ins frühe 19. Jahrhundert haben, werden wir auch zahlreiche Probleme nur
unvollkommen lösen können – ganz
besonders das Echtheitsproblem einer
großen Zahl zweifelhafter Bach zuge-
schriebener Werke. Dennoch haben
sich schon bedeutsame Ergebnisse
eingestellt. Am spektakulärsten wirken
sich die neue chronologische Ordnung

insbesondere der Leipziger Vokalwerke
Bachs aus, die, 1958 vorgelegt, erkennen ließ, daß Bach den größten Teil
seiner heute erhaltenen Kirchenkantaten bereits in seinen ersten Leipziger
Amtsjahren komponiert hat – darunter auch die bisher als besonders „spät"
eingestuften Choralkantaten –, ferner
daß sein Kantatenschaffen von 1729
an offenbar nachgelassen hat und
1735 nahezu gänzlich beendet war.

Diese Entdeckung, die zunächst
besonders in Theologenkreisen auf
Zweifel stieß, hat inzwischen mehr-
fache Bestätigung gefunden. (...)
Auch andere Werke mußten umdatiert
werden. So hat z. B. die erste nachweisbare Aufführung der Johannes-
Passion erst 1724, nicht schon 1723
stattgefunden.

Friedrich Blume hat in einem
vieldiskutierten Mainzer Vortrag
„Umrisse eines neuen Bachbildes" im
Jahre 1962 die neue Chronologie als
Beleg für seine These angeführt, daß
Bach, wie Blume sich ausdrückt,
schwerlich „zum Kirchenamt eine
Herzensbeziehung gehabt" haben
könne. Blume sprach von einem „Erdrutsch" in der Bachforschung und hat
damit eine lebhafte Diskussion ausge-
löst, die ihm ebensoviel Zustimmung
wie Skepsis eingebracht hat. Heute,
nach 14 Jahren, können wir feststellen,
daß dieser Erdrutsch – sofern man
den Vergleich gelten lassen will –
keineswegs diejenigen Konsequenzen
für unser Bachbild nach sich gezogen
hat, die Blume, aber auch die seine
Widersacher prophezeit haben. Bachs
Verhältnis zu seinem Kirchenamt hat
sich nämlich inzwischen auf eine
andere, überraschende Weise besser als
bisher klären lassen, und zwar durch

JOHANN SEBASTIAN BACH

die Eintragungen Bachs in seinem
Exemplar der 1682 von Abraham
Calovius kommentiert herausgegebe-
nen Lutherbibel. Diese Eintragungen
zielen, sieht man von Belanglosigkei-
ten ab, in erster Linie auf die biblische
Begründung des Kirchenmusiker-
amtes. (...) Nach dieser Entdeckung
wird man nicht mehr bezweifeln können, daß Bach zu seinem Kirchenamt
wirklich eine „Herzensbeziehung"

(um mit Blume zu reden) gehabt hat. Was also besagt dann die neue Chronologie für unser Bachbild?

Sie besagt, daß Bach kein Künstler der Romantik war, der komponierte, wenn ihn sein Geist dazu trieb, sondern daß er die vom lutherischen Amtsbegriff geprägte Auffassung seiner Zeit teilte, daß der Künstler den jeweiligen Anforderungen seines Berufs nach bestem Vermögen nachzukommen habe. Daß Bach sich in seinen ersten Leipziger Jahren durch nahezu allwöchentliche Komposition einer oder (zu Festzeiten) gar mehrerer Kirchenkantaten einen Fundus an verfügbaren Werken schuf, um sich dann später wieder anderen Aufgaben zuzuwenden, insbesondere wohl der 1729 übernommenen Leitung des studentischen Collegium musicum, das alles bedarf keines entschuldigenden Kommentars und kann daher weder gegen die Herzensbeziehung zu seinem Kirchenamt noch gegen die Tragfähigkeit der neuen Chronologie ins Feld geführt werden; es ist vielmehr genau das, was man von einem Kantor der Bachzeit erwarten durfte. (...)

Die zweite Jahrhunderthälfte bringt in mancher Hinsicht geradezu die Umkehrung der ersten: Bachs Werk, um dessen Anerkennung 50 Jahre zuvor noch heftig gerungen worden war, hat sich durchgesetzt; die reichlichen, fast möchte man sagen, allzu reichlichen Bach-Aufführungen können mit ausverkauften Sälen und vollen Kirchen rechnen. Selbst die Frage, ob man Bach „romantisch" oder „sachlich" aufführen müsse, birgt nicht mehr den Zündstoff von einst. Vielmehr haben sich die meisten Aufführungen auf ein gewisses Mittelmaß zwischen akademischer und emotionsbetonter Aufführung eingependelt.

Auch der sogenannte „Urtext" hat für viele Interpreten nicht mehr die Bedeutung eines unumstößlichen Gesetzes; und selbst ein Künstler wie Nikolaus Harnoncourt argumentiert, nach den Gründen seines Eintretens für eine Wiedergabe auf Instrumenten originaler Bauart befragt, nicht so sehr mit dem Willen des Komponisten als vielmehr mit der seiner Überzeugung nach eindringlicherer Wirkung auf den Hörer der Gegenwart.

Dieser relativen Befriedigung auf dem Gebiet der Werkerschließung steht ein um so erbitterterer Kampf um die ideologische Deutung Bachs und seiner Musik gegenüber. Vielfach verlaufen die Fronten auf gleicher Linie mit den gesellschaftspolitischen Auseinandersetzungen zwischen Ost und West. (...)

Wir stehen heute noch mitten in diesen Auseinandersetzungen, und es ist noch nicht an der Zeit, eine Bilanz der Deutungsversuche dieser zweiten Jahrhunderthälfte zu ziehen. Nur ganz vorsichtig und mit aller gebotenen Zurückhaltung soll hier gefragt werden, ob das, was wir in diesen Jahrzehnten erleben, nicht vielleicht als Zeichen eines gewissen Unbehagens an Bachs Musik oder vielmehr an der Art, wie Bachs Musik heute in unser Musikleben eingegliedert ist und vom Hörer aufgenommen wird, begriffen werden könnte.

Alfred Dürr:
„Im Mittelpunkt Bach"

Zeittafel

1685 21. März: Johann Sebastian Bach kommt in Eisenach als jüngstes Kind des Stadtpfeifers J. Ambrosius und seiner Frau Maria Elisabetha, geb. Lämmerhirt, zur Welt.

1692 Sebastian tritt in die Eisenacher Lateinschule ein. Er macht rasche Fortschritte.

1694 1. Mai: Seine Mutter stirbt im Alter von 50 Jahren.

1695 5. Februar: Sein Vater stirbt mit 49 Jahren. Sebastian kommt zu seinem älteren Bruder J. Christoph, der Organist in Ohrdruf ist, und tritt dort ins Lyceum ein.

1700 März: Sebastian verläßt Ohrdruf „ob defectum hospitiorum" (aus Mangel an Unterkunft) und geht nach Lüneburg, wo er dank seiner „ungemein schönen Sopranstimme" in die berühmte Michaelisschule aufgenommen wird.

1702 Sebastian hat die Schule in Lüneburg erfolgreich absolviert. Der Herzog von Weißenfels verhindert, daß er in Sangerhausen bei Halle seinen ersten Organistenposten erhält.

1703 März: Sebastian tritt seine erste Stelle als Geiger und Lakai am Weimarer Hof an.

9. August: Man wählt ihn zum Organisten an der Neuen Kirche in Arnstadt.

1705 August: Sebastian gerät in eine handgreifliche Auseinandersetzung mit dem Fagottisten Geyersbach und muß sich vor dem Arnstädter Konsistorium rechtfertigen.

Oktober: Der junge Organist erhält vier Wochen Urlaub, um in Lübeck Dietrich Buxtehude zu hören und „daselbst ein und anderes in seiner Kunst zu begreiffen".

1706 Februar: Bach kehrt erst nach vier Monaten aus Lübeck zurück. Für die eigenmächtige Urlaubsüberschreitung muß er sich erneut vor dem Konsistorium verantworten.

1707 15. Juni: Der Rat der freien Reichsstadt Mühlhausen ernennt Bach zum Organisten der Kirche Divi Blasii.

10. Oktober: Bach heiratet in Dornheim bei Arnstadt seine Cousine Maria Barbara Bach, die damals 23 Jahre alt ist.

1708 4. Februar: Bachs erstes datiertes Werk, die Ratswahlkantate „Gott ist mein König" (BWV 71), wird in der Marienkirche in Mühlhausen aufgeführt.

Juni: Bach reicht in Mühlhausen seinen Abschied ein. Er hat „anderweite Vocation nach Weimar" erhalten, wo ihn Herzog Wilhelm Ernst von Sachsen-Weimar als Hoforganist und Cammermusicus einstellt.

29. Dezember: Das erste Kind der Bachs wird getauft, Catharina Dorothea (gest. 1774).

1710 22. November: Der erste Sohn, Wilhelm Friedemann, wird geboren (gest. 1784).

1713 Februar: Bach reist zum Herzog von Sachsen-Weißenfels und läßt dort „nach gehalte-

nem Kampff-Jagen im fürstlichen Jäger-Hofe" seine „Jagdkantate" (BWV 208) aufführen, die früheste erhaltene weltliche Kantate.

23. Februar: Den Bachs werden Zwillinge geboren, die aber kurz darauf schon wieder sterben.

Dezember: Bach bewirbt sich um den Organistenposten an der Liebfrauenkirche in Halle und wird angenommen.

1714 Februar: Bach schlägt die Stelle in Halle aus finanziellen Gründen aus.

2. März: Herzog Wilhelm Ernst ernennt seinen bisherigen Hoforganisten zum Konzertmeister, mit der Auflage, alle vier Wochen eine neue Kantate zu komponieren und aufzuführen.

8. März: Geburt Carl Philipp Emanuels (5. Kind, gest. 1788).

25. März: Zu Palmsonntag erklingt in der Weimarer „Himmelsburg" die erste Kantate des Konzertmeisters Bach, „Himmelskönig, sei willkommen", BWV 182.

1715 11. Mai: Geburt Gottfried Bernhards, der sich später als „ungerathener Sohn" entpuppt (6. Kind, gest. 1739).

1716 Mai/Juli: Der schon renommierte Orgelsachverständige Bach prüft Orgeln in Halle (Liebfrauenkirche) und Erfurt. Im Lauf seines Lebens wird er noch ein rundes Dutzend solcher Prüfungen vornehmen, u. a. in Leipzig, Kassel und Naumburg.

Dezember: Nach dem Tod des alten Hofkapellmeisters Drese wird Bach bei der Wahl eines Nachfolgers von Herzog Wilhelm Ernst übergangen.

1717 5. August: Fürst Leopold von Anhalt-Köthen ernennt Bach zu seinem Hofkapellmeister, doch der Weimarer Herzog läßt ihn nicht ziehen. Bach fährt zu einem musikalischen Wettstreit nach Dresden. Er bleibt kampflos Sieger, da sein Gegner, der französische Organist und Cembalist Louis Marchand, die Stadt zuvor heimlich verlassen hat.

6. November: Zurück in Weimar wird Bach „wegen seiner Halßstarrigen Bezeugung u. zu erzwingenden dimission auf der LandRichter-Stube arretiret".

2. Dezember: Er kommt aus dem Arrest frei und erhält seine Demission „mit angezeigter Ungnade".

1718 15. November: Geburt Leopold Augustus' (7. Kind; gest. 1719). In Fürst Leopold, dem Taufpaten, hat Bach einen „gnädigen und Music sowohl liebenden als kennenden Fürsten".

1720 Bach legt das „Clavier-Büchlein vor Wilhelm Friedemann Bach" an.

Mai: Der Hofkapellmeister begleitet seinen Fürsten ins vornehme Karlsbad.

Juli: Maria Barbara stirbt, bevor ihr Mann zurückgekehrt ist (begraben am 7. Juli).

November: Bach bewirbt sich um die Organistenstelle an der Jakobikirche in Hamburg. Da er die mit der Bewerbung verbundenen Geldleistungen nicht erbringen kann, schlägt er die Stelle aus.

1721 24. März: Bach widmet dem Markgrafen Christian Ludwig von Brandenburg „Six concerts avec plusieurs instruments", die sog. „Brandenburgischen Konzerte".

3. Dezember: Bach heiratet seine zweite Frau Anna Magdalena Wilcke, 20 Jahre alt.

11. Dezember: Fürst Leopold heiratet die „amusa" Friederica Henrietta von Anhalt-Bernburg. Die Bedingungen in Köthen verschlechtern sich.

1722 Die Reinschrift des „Wohltemperierten Claviers" (I) entsteht.

Dezember: Bach bewirbt sich als einer der letzten um das Amt des Thomaskantors in Leipzig. Prominente Mitbewerber sind Telemann und Graupner.

1723 Geburt Christiana Sophia Henriettas (8. Kind; gest. 1726).

7. Februar: Bachs Probestück, die Kantate „Jesus nahm zu sich die Zwölfe" (BWV 22), wird in Leipzig aufgeführt und „sehr gelobet".

5. Mai: Der Leipziger Rat läßt Bach seine Wahl zum Thomaskantor und Director musices verkünden.

22. Mai: Die Bachs kommen nach Leipzig.

30. Mai: Zum 1. Sonntag nach Trinitatis führt der neue Kantor „mit guten applausu seine erste Music auf", die Kantate „Die Elenden sollen essen" (BWV 75).

1. Juni: Der neue Kantor wird offiziell in der Thomasschule eingeführt.

Dezember: Bach verlangt, auch im Gottesdienst der Universität in seine alten Rechte als Director musices eingesetzt zu werden. Er beginnt eine Auseinandersetzung mit dem dortigen Musikdirektor Görner.

25. Dezember: Zum 1. Weihnachtstag erklingt in der Thomaskirche das „Magnificat" in der Frühfassung (BWV 243a).

1724 26. Februar: Geburt Gottfried Heinrichs (9. Kind, gest. 1763). Er wird in der Pubertät geisteskrank.

7. April: In der Nicolaikirche wird die „Johannespassion" (BWV 245) in ihrer 1. Fassung uraufgeführt.

1725 14. April: Geburt Christian Gottliebs (10. Kind, gest. 1728).

September: Bach reist wieder nach Dresden und gibt Orgelkonzerte in der Sophienkirche.

1726 Januar: August der Starke schlichtet den Streit um den Gottesdienst in der Paulinerkirche.

5. April: Elisabeth Juliana Friederika getauft (11. Kind, gest. 1781).

Michaelismesse: Bach veröffentlicht sein erstes gedrucktes Werk, die 1. Partita für Cembalo (BWV 825). Im Jahresabstand folgen bis 1731 die fünf weiteren.

1727 11. April: An Karfreitag wird in der Thomaskirche höchstwahrscheinlich die „Matthäuspassion" (BWV 244) uraufgeführt (s. auch 1729).

17. Oktober: Auf Bestellung eines adligen Studenten führt Bach trotz Görners Protesten in der Paulinerkirche seine „Trauerode" für die verstorbene Kurfürstin von Sachsen auf.

30. Oktober: Das 12. Kind, Ernestus Andreas, wird getauft, stirbt aber schon am 1. November.

1728 10. Oktober: Regina Johanna getauft (13. Kind, gest. 1733).

19. November: Mit 33 Jahren stirbt Fürst Leopold von Anhalt-Köthen, dessen „Kapellmeister von Haus aus" Bach geblieben ist.

1729 Februar: Bach gibt ein mehrwöchiges Gastspiel beim Herzog von Weißenfels, der ihm einen Kapellmeistertitel verleiht.

23. März: Das Ehepaar Bach reist nach Köthen, um dort bei der Trauermusik für Fürst Leopold mitzuwirken, die Bach komponiert hat. Sie ist verschollen, doch Sätze daraus haben sich in der „Matthäuspassion" erhalten.

15. April: Die „Matthäuspassion" wird (zum zweiten Mal?) in Leipzig aufgeführt.

Frühjahr: Bach gerät mit dem Rat in Streit, weil man unmusikalische Schüler in die Thomasschule aufgenommen hat. Er übernimmt die Leitung des ehemals Telemannischen „Collegium musicum".

Juni: Händel besucht seine Mutter in Halle. Bach kann ihn nicht treffen, weil er krank ist.

1730 1. Januar: Christiana Benedicta Louise getauft (14. Kind). Sie stirbt schon vier Tage später.

30. August: Während der Vakanz des Thomasschulrektorats richtet Bach an den Rat der Stadt seinen „Kurtzen, jedoch höchstnöthigen Entwurff einer wohlbestallten Kirchen Music", in dem er die Misere der Aufführungsbedingungen an St. Thomas aufzeigt.

8. September: J. Michael Gesner, den Bach aus Weimar kennt, wird Thomasschulrektor.

28. Oktober: Bach schildert seinem Jugendfreund Georg Erdmann in Danzig in einem langen Brief die Verhältnisse in Leipzig und bittet ihn, ihm eine neue Stelle zu verschaffen.

1731 „In Verlegung des Autoris" erscheint in Leipzig Bachs „Opus 1", der 1. Teil der „Clavier Übung", der die 6 Partiten in einem Band zusammenfaßt.

18. März: Christiana Dorothea getauft (15. Kind, gest. 1732).

23. März: In der Thomaskirche wird die verschollene „Markuspassion" (BWV 247) uraufgeführt. Sie enthält Musik aus der „Trauerode" von 1727.

September: Bach hält sich in Dresden auf, hört eine Oper des neuen Hofkapellmeisters Hasse und gibt vielbeachtete Orgelkonzerte.

1732 21. Juni: Geburt J. Christoph Friedrichs (16. Kind, gest. 1795).

1733 Juni: Wilhelm Friedemann wird Organist an der Dresdener Sophienkirche.

Juli: Bach läßt dem neuen Kurfürsten von Sachsen, Friedrich August II., die Stimmen der ersten beiden Sätze seiner späteren h-Moll-Messe zukommen. Er bewirbt sich mit ihnen um „ein

Praedicat von Dero Hoff-Capelle", das ihm erst drei Jahre später verliehen wird.

5. November: J. August Abraham getauft (17. Kind), der schon einen Tag später stirbt.

1734 16. November: Der 27jährige J. August Ernesti wird Thomasschulrektor.

25.–27. Dezember: Die ersten drei Teile des „Weihnachtsoratoriums" (BWV 248) werden in der Thomaskirche uraufgeführt.

1735 1., 2. und 6. Januar: Teil 4 bis 6 des „Weihnachtsoratoriums" aufgeführt.

Mai (Ostermesse): Der „Zweythe Theil der Clavier Übung bestehend in einem Concerto nach Italiänischen Gusto und einer Ouverture nach Französischer Art vor ein Clavicymbel mit zweyen Manualen" erscheint.

16. Juni: J. Gottfried Bernhard wird Organist an der Marienkirche in Mühlhausen, deren Orgel der Vater zuvor geprüft hat.

5. September: Geburt J. Christians (18. Kind, gest. 1782).

1736 Juni: Zwischen Bach und Rektor Ernesti beginnt der sog. Präfektenstreit um die Ernennung und die Kompetenzen des als Chorleiter fungierenden Schülers. Er hält bis 1738 an und vergiftet die Atmosphäre an der Schule.

19. November: Bach wird zum „königlich polnischen und kurfürstlich sächsischen Hofcompositeur" ernannt.

1. Dezember: Er bedankt sich mit einem Orgelkonzert in der Dresdener Frauenkirche.

1737 Frühjahr: Bach legt die Leitung des „Collegium musicum" vorübergehend nieder.

4. April: J. Gottfried Bernhard wird Organist in Sangerhausen, wo seinem Vater 30 Jahre vorher eine Stelle auf ungerechte Art vorenthalten wurde.

14. Mai: J. Adolf Scheibe veröffentlicht in seiner Hamburger Zeitschrift „Critischer Musikus" eine scharfe Kritik an Bachs Kompositionsstil. Der Angegriffene wehrt sich mit Hilfe des Leipziger Magisters J. Andreas Birnbaum. Eine jahrelange Kontroverse entbrennt.

Herbst: Bach stellt seinen Schweinfurter Vetter J. Elias als Hauslehrer und Privatsekretär ein, der bis 1742 in Leipzig bleibt.

30. Oktober: J. Carolina getauft (19. Kind, gest. 1781).

1738 C. Philipp Emanuel wird Kammercembalist beim preußischen Kronprinzen Friedrich. J. Gottfried Bernhard flieht vor seinen Gläubigern aus Sangerhausen.

1739 27. Mai: J. Gottfried Bernhard stirbt, ohne seinen Vater wiedergesehen zu haben.

September (Michaelismesse): Der 3. Teil der „Clavier Übung" erscheint.

Oktober: Bach übernimmt noch einmal die Leitung des „Collegium musicum".

November: Das Ehepaar Bach reist an den Hof nach Weißenfels.

1741 August: Bach reist zum ersten Mal nach Berlin, wo Friedrich II. mittlerweile König und

Bachs Sohn 1. königlicher Cembalist ist. Anna Magdalena erkrankt lebensgefährlich.

1742 Die sog. „Goldbergvariationen" (BWV 988) erscheinen im Druck (vielleicht schon 1741).

22. Februar: Das 20. und letzte Kind, Regina Susanna, wird getauft (gest. 1809).

1744 C. Philipp Emanuel heiratet in Berlin.

1745 Das erste Enkelkind wird geboren.

1746 April: W. Friedemann übernimmt die Organistenstelle an der Liebfrauenkirche in Halle, ein Amt, das sein Vater über 30 Jahre zuvor ausgeschlagen hatte.

1747 Mai: Bach reist zu seinem Sohn C. Philipp Emanuel nach Berlin.

7. und 8. Mai: Er konzertiert vor Friedrich dem Großen in Potsdam, der ihm ein Thema zur Improvisation einer Fuge aufgibt.

Juni: Bach tritt als 14. Mitglied in die „Societät der Musikalischen Wissenschaften" ein. Er schreibt für sie die „Canonischen Veränderungen" (BWV 769).

September: Bach hat das Thema des Königs zu einem „Musikalischen Opfer" (BWV 1079) für denselben ausgearbeitet. Es erscheint mit einer Widmung im Druck.

1749 20. Januar: Bachs zweitälteste Tochter Elisabeth Juliana Friederika heiratet in Leipzig seinen Schüler J. Christoph Altnickol.

8. Juni: Auf Druck des sächsischen Ministers Graf Brühl nimmt der Leipziger Rat dessen Kapellmeister Harrer die Kantoratsprobe ab – zu Lebzeiten Bachs. Der reagiert mit einigen bissigen Anspielungen im veränderten Text seines Dramma per musica „Der Streit zwischen Phoebus und Pan" (BWV 201) auf den Brühlschen Einfluß in Leipzig.

1750 Januar: Bach darf noch erleben, wie sein zweitjüngster Sohn J. Christoph Friedrich Hofmusicus in Bückeburg wird (eine Lebensstellung).

März/April: Der berühmte englische Wundarzt John Taylor operiert Bach zweimal erfolglos am Star.

28. Juli: Bach stirbt an den Folgen der Operation.

31. Juli: Er wird auf dem Friedhof der Johanniskirche beigesetzt.

Glossar

Augmentation (lat. = Vergrößerung): Die Veränderung des Themas einer Komposition (z. B. Fuge, Sonate) durch Verdopplung, Verdreifachung etc. seiner rhythmischen Werte; dient häufig als Steigerungsmittel im Schlußabschnitt einer Fuge.

Basso continuo (ital. = ununterbrochener Baß): Auch Generalbaß. In der Musik des 17. und 18. Jahrhunderts die der Komposition durchlaufend zugrundeliegende Baßstimme, nach der bei der Aufführung von einem Tasteninstrument eine mehrstimmige Generalbaßbegleitung zu spielen ist. Zusätzlich zu dem Akkordinstrument, das auch eine Laute, Gitarre etc. sein konnte, wirkten bei der Ausführung gewöhnlich ein oder mehrere Baßinstrumente mit (Cello, Gambe, Fagott, Kontrabaß u. a.).

Brio (ital. = Feuer): Musikalische Vortragsbezeichnung für ein lebhaft zu spielendes Stück.

Clavier/Klavier: Clavier bezeichnet ursprünglich jede Art eines Tasteninstruments, das eine Klaviatur hat, d. h. Orgel, Cembalo, Spinett, Piano. Erst später (18./19. Jahrhundert) entwickelt sich aus dem Pianoforte das moderne Klavier als feste Instrumentenbezeichnung.

Concerto (von concertare, ital. zusammen streiten, lat. wetteifern): Das Instrumentalkonzert der Barockzeit mit dem ihm eigenen Wechsel von vollem Orchestertutti (auch Ripieno) und einem oder mehreren Solisten (auch Concertino). Der Begriff wurde auch auf konzertierende Stücke mit Singstimmen, also Kantaten, angewendet.

Diminution (lat.: Verminderung): Die Veränderung des Themas einer Komposition (z. B. Fuge, Sonate) durch Verkleinerung der ursprünglichen rhythmischen Werte.

Discantist: Bis ins 18. Jahrhundert Bezeichnung für Kapellknaben oder Männer, die die höchste Stimme (Diskant oder Sopran) von Vokalwerken sangen.

Edikt von Nantes: Von Heinrich IV. von Frankreich am 13. April 1598 zur Beendigung der Hugenottenkriege erlassen. Es bestätigte zwar den Katholizismus als Staatsreligion, erlaubte den französischen Protestanten (Hugenotten) jedoch die Ausübung ihres Glaubens und gewährte ihnen Schutz. 1629 widerrief Kardinal Richelieu das Edikt, 1685 hob es Ludwig XIV. ganz auf, was zu einer Massenflucht der Hugenotten nach Deutschland führte.

Fuge (lat. fuga = Flucht): Bezeichnung für ein zwei- bis achtstimmiges Tonstück. Die Stimmen sind streng kontrapunktisch gesetzt und greifen ein Thema bzw. dessen unterschiedlichste Variationen immer wieder auf.

Intavolierung: Übertragung einer in Stimmen notierten Komposition in Tabulatur.

Kantate (von lat. und ital. cantare = singen): Bezeichnung für eine ursprünglich solistische, später auch mit Duetten, Terzetten und Chorsätzen versehene Vokalkomposition mit instrumentaler Begleitung. Eine der Hauptformen des 17. und 18. Jahrhunderts.

Kapellmeister: Die höchste soziale Rangstufe eines Musikers im Barock. Der Leiter einer Kapelle, eines musikalischen Ensembles, das sich im Lauf der Geschichte von einem rein vokalen zu einem rein instrumentalen Verbund entwickelte.

Kontrapunkt: In der Musik Bezeichnung für eine mehrstimmige Satztechnik, in der mehrere Stimmen zwar harmonisch aufeinander bezogen, melodisch jedoch möglichst selbständig geführt werden, z. B. in Fuge und Kanon.

Kurrende: Ursprünglich an protestantischen Schulen bestehender Chor aus bedürftigen Schülern, der in Straßen gegen Gaben geistliche Lieder sang. In dieser Form hielt sich die Kurrende bis in die zweite Hälfte des 18. Jahrhunderts.

Leibgedinge: Zur lebenslangen Nutzung übergebene Güter und Rechte.

Mitteltönige Stimmung: Die vor allem im 16. und 17. Jahrhundert gebräuchliche Stimmung von Tasteninstrumenten in reinen Terzen. Da sich in der musikalischen Praxis nie alle Intervalle gleichzeitig rein stimmen lassen, wurden im Lauf der Jahrhunderte je nach Stilideal verschiedene Prioritäten gesetzt. In der Renaissance stimmte man die großen oder kleinen Terzen rein, wodurch aber die Quinten zu klein wurden. In der heute gebräuchlichen „gleichschwebenden" Stimmung gewinnt man „Mittelwerte, welche kein Intervall wirklich rein, aber alle leidlich brauchbar intonieren" (Hugo Riemann).

Motette: Mehrstimmiges Chorwerk, meist auf einen geistlichen Text und „a cappella" (ohne Instrumentalbegleitung).

Obligat(e Begleitung): Art der Begleitung, bei der im Gegensatz zum Basso continuo die Begleitstimmen als selbständige Stimmen geführt sind und z. B. auch Melodieträger sein können.

Ode: Ursprünglich in der antiken griechischen Dichtung Sammelbezeichnung für alle zur Musik vorgetragene strophische Dichtung, so die Chorlieder in der Tragödie. In der deutschen Literatur im 16. und 17. Jahrhundert wieder aufgegriffen, u. a. von Martin Opitz und Andreas Gryphius.

Ordinarium missae: Bezeichnung für die gleichbleibenden Gesänge der Messe (Kyrie, Gloria, Credo, Sanctus, Agnus Dei), im Gegensatz zum Proprium missae, den je nach Anlaß wechselnden Teilen.

Orthodoxie: Zusammenfassende Bezeichnung der nachreformatorischen Epoche in der evangelischen Kirche, die mit dem Augsburger Religionsfrieden 1555 einsetzt und um 1700 vom Pietismus und der Aufklärung gebrochen wird. Theologische Voraussetzung ist die Kanonisierung der Schriften Luthers und Calvins.

Ouvertüre (frz., von lat. apertura = Eröffnung): Instrumentales Einleitungsstück zu Bühnen- und Vokalwerken (Oper, Schauspiel, Ballett, Kantate, Oratorium); im 17. und 18. Jahrhundert ferner zu Suiten. Um 1660 erhält die sog. „französische Ouvertüre" durch Jean-Baptiste Lully ihre feste Form: Auf eine langsame Einleitung mit punktierten Rhythmen folgt ein schneller, meist fugierter Abschnitt. Am Ende wird der langsame Teil in der Regel wieder aufgenommen, kann aber auch wegbleiben. Lullys Opernouvertüren wurden später mit einer Folge von Tänzen aus der jeweiligen Oper kombiniert. Daraus entstand die Gattung der Orchestersuite. Diese trug later als pars pro toto den Namen „Ouvertüre", so auch die vier erhaltenen Orchestersuiten Bachs.

Partita (ital.): Seit dem späten 16. Jahrhundert in Italien und Deutschland Bezeichnung für einen Variationssatz. Seit der zweiten Hälfte des 17. Jahrhunderts bezeichnet Partita auch allgemein ein Instrumentalstück oder eine Suite.

Pietismus: Die gegen Ende des 17. Jahrhunderts entstandene, bis gegen Ende des 18. Jahrhunderts wirksame religiöse Bewegung des deutschen Protestantismus hat – im Gegensatz zur eher dogmatisch orientierten altprotestantischen Orthodoxie – eine praxisorientierte individualistische Frömmigkeit zum Ziel. Dies bewirkte eine starke, nicht selten nach außen betonte persönliche Frömmigkeit, verbunden mit einer Konzentration auf die Bibel und einer Abwendung vom gemeinsamen Gotteslob der religiösen Gemeinde: Daher ist dem Pietismus der Chorgesang zur Ehre Gottes, charakteristisch für die Orthodoxie, eher fremd.

Pleonasmus (gr., lat. Übermaß): Meist überflüssiger Zusatz zu einem Wort oder einer Redewendung (z. B. weißer Schimmel).

Präludium (lat. Vorspiel): Ein istrumentales Einleitungsstück, zu Bachs Zeit v. a. für Musik mit Laute oder Clavier verwendet. Das Präludium ist allgemein improvisationsartig und formal frei gehalten und taucht häufig in fester Verbindung mit z. B. einer Fuge auf. Typisch für Bachs große Cembalo- und Orgelpräludien ist allerdings eine feste Form, die meistens der eines italienischen Konzertsatzes entspricht.

Revers: Bezeichnung für eine schriftliche Erklärung, durch die sich jemand zu einem bestimmten Tun oder Lassen verpflichtet.

Ripienist: Bezeichnung für Chorsänger und Orchestermusiker im Gegensatz zu den Solisten.

Solo (lat. allein): Ein einzelner Sänger oder Instrumentalist singt oder spielt allein oder mit Begleitung. Im Concerto stehen ein oder mehrere Soli dem **Tutti** des Orchesters gegenüber.

Sonate (ital., von lat. sonare = klingen): Seit dem frühen 17. Jahrhundert Bezeichnung für eine mehrsätzige, meist zyklisch angelegte Instrumentalkomposition in kleiner oder solistischer Besetzung.

Stadtpfeifer: Mitglied der zunächst in Reichsstädten, später auch in kleineren Orten gebildeten Vereinigungen von Instrumentalmusikern mit Aufgaben im städtischen Dienst. Die Stadtpfeifer waren in Zünften organisiert und hatten bei öffentlichen wie privaten Anlässen zu spielen. Außerdem oblag ihnen die Ausbildung des Nachwuchses. Im 18. und 19. Jahrhundert wurden die Stadtpfeifer, die in der Lage sein mußten, verschiedene Instrumente zu spielen, zunehmend durch spezialisierte Orchestermusiker abgelöst.

Suite (frz., von lat. sequi = folgen): Mehrteilige Komposition, eine Folge von in sich geschlossenen, durch gleiche Tonart oder motivische Verwandtschaft verbundenen Tänzen, tanzartigen oder sonstigen Sätzen. Taucht als Begriff erstmals im 16. Jahrhundert in Frankreich auf.

Summa (lat.): Umfassende Sammlung.

Tabulatur: Vom 14. bis 18. Jahrhundert übliche Form der Musiknotierung in Buchstaben, Ziffern und anderen Zeichen, heute meist im Gegensatz zur Notenschrift verstanden, früher jedoch auch die Notierungsweise von Claviermusik in zwei Liniensystemen im Gegensatz zur Partitur. Die wichtigsten Tabulaturen im üblichen Sinne waren die Orgel- und die Lautentabulatur.

Toccata (ital., von toccare = anschlagen): Seit dem 14. Jahrhundert nachweisbare Bezeichnung für ein Musikstück für Pauken und Bläser, später v. a. als Präludium für Tasteninstrumente, mit Vorliebe im 17. und 18. Jahrhundert gebraucht. Ist sie formal auch ungebunden, sind die Toccaten Bachs doch v. a. durch ihre Mehrteiligkeit mit ausgeprägten imitierenden Teilen charakterisiert.

Vokalpolyphonie: Der polyphone Chorstil des 16. Jahrhunderts, also der Zeit di Lassos und Palestrinas. Die Stimmen eines Chorstücks werden polyphon, d. h. möglichst selbständig geführt (Gegensatz: homophon = die Unterstimmen begleiten die Oberstimme). Sie folgen dabei gewissen Gesetzmäßigkeiten des Kontrapunkts und einem Ideal von Ausgewogenheit.

Diskographie

Für die Hauptwerke Bachs wurden jeweils zwei bzw. drei alternative Aufnahmen ausgewählt: eine mit traditionellem Instrumentarium (T), eine Alte-Musik-Produktion mit Instrumenten der Bachzeit bzw. deren Nachbauten (A), schließlich – soweit verfügbar – eine historische Mono-Aufnahme aus der Zeit vor 1950 (H).

Die großen Chorwerke

Messe h-Moll, BWV 232

(T) Stader, Töpper, Haefliger, Engen, Fischer-Dieskau; Münchener Bachchor und -orchester; Karl Richter (2 CDs, Archiv Produktion 427 155-2)

(A) Smith, Chance, van der Meel, van der Kamp; Niederländischer Kammerchor; Orchester des 18. Jahrhunderts; Frans Brüggen (live 1989, 2 CDs, Philips 426 238-2).

Matthäuspassion, BWV 244

(Evangelist und Jesus jeweils zuerst genannt)

(T) Equiluz, Holl, Auger, Greenawald, Rappe, van Nes, Rosenshein, van der Meer, Scharinger; Concertgebouw Orchester und Chor; Nikolaus Harnoncourt (live 1985, 3 CDs, Teldec 8.356668 ZB)

(A) Crook, Cold, Schlick, Jacobs, Blochwitz, Kooy; Collegium Vocale Gent; Ensemble Vocal et Orchestre de la Chapelle Royale; Philippe Herreweghe (3 CDs, Harmonia Mundi France 901155.57)

(H) Erb, Ravelli, Vincent, Durigo, Tulder, Schey; Amsterdam Tonkunst Chor; Concertgebouw Orchester Amsterdam; Willem Mengelberg (live 1939, 3 CDs, Philips 416 206-2)

Johannespassion, BWV 245

(T) Schreier, Fischer-Dieskau, Auger, Hamari, Huttenlocher; Gächinger Kantorei, Bach-Collegium Stuttgart, Helmuth Rilling (2 CDs, CBS M2K 39694)

(A) Covey-Crump, Thomas, Taverner Consort and Players; Andrew Parrott (2 CDs, EMI CDS 7 54083 2)

Weihnachtsoratorium, BWV 248

(T) Schreier, Donath, Lipovsek, Büchner, Holl; Rundfunkchor Leipzig; Trompetenensemble Güttler; Staatskapelle Dresden; Peter Schreier (3 CDs, Philips 420 204-2)

(A) Pregardien, Ziesak, Groop, Mertens; Vokalensemble Frankfurt; Concerto Köln; Ralf Otto (2 CDs, Capriccio 60 025-2)

Kleinere Chorwerke

Geistliche Kantaten, BWV 1–199

Derzeit sind zwei Gesamtaufnahmen verfügbar:

(T) Figuralchor der Gedächtniskirche Stuttgart, Gächinger Kantorei, Bach-Collegium Stuttgart; Helmuth Rilling (Carus)

(A) Wiener Sängerknaben, Tölzer Knabenchor, Knabenchor Hannover; Concentus Musicus Wien, Leonhardt Consort; Nikolaus Harnoncourt, Gustav Leonhardt (Teldec)

Motetten, BWV 225–230

(T) Augsburger Domsingknaben, Reinhard Kammler (DHM RD77031)

(A) Collegium Vocale Gent, Chapelle Royale; Philippe Herreweghe (Harmonia Mundi France HMC 901231)

Magnificat, BWV 243

(T) Auger, Murray, Watts, Kraus, Schöne, Huttenlocher; Gächinger Kantorei, Bach Collegium Stuttgart, Helmuth Rilling (CBS MK 42054)

(A) Argenta, Kwella, Brett, Rolfe-Johnson, Thomas; Monteverdi Choir; English Baroque Soloists; John Eliot Gardiner (411 458-2)

Orchesterwerke

Brandenburgische Konzerte, BWV 1046–1051

(T) Chamber Orchestra of Europe (2 CDs, DG 431 660-2)

(A) Musica Antiqua Köln; Reinhard Goebel (2 CDs, Archiv Produktion 423 116-2 oder 431 701-2 /702-2)

(H) Marlboro Festival Orchestra; Pablo Casals (2 CDs, CBS MPK 44835/36)

Cembalokonzerte, BWV 1052–1059/1065

(T) Igor Kipnis; The London Strings; Neville Marriner (2 CDs, CBS M2YK 456 16)

(A) Ton Koopman; Amsterdam Baroque Orchestra (4 CDs, Erato 2292-45545-2)

(H) Edwin Fischer (Klavier); Kammerorchester (EMI 7 63039 2-555)

Orchestersuiten, BWV 1066–1069

(T) Franz-Liszt-Kammerorchester Budapest; János Rolla (1 CD, Hungaroton HCDs 31018)

(A) Musica Antiqua Köln; Reinhard Goebel (2 CDs, Archiv Produktion 415 671-2)

Orgelwerke

Gesamtaufnahmen

(T) Marie-Claire Alain (17 CDs, Erato 2292-45732-2)

(A) André Isoir (15 CDs, Calliope)

Clavierwerke

Partiten (Clavierübung, 1. Teil), BWV 825–830

(T) Glenn Gould, Klavier (2 CDs, CBS M2K 42402)

(A) Gustav Leonhardt, Cembalo (2 CDs, Dt. Harm. Mundi GD 77215)

Das Wohltemperierte Clavier I und II, BWV 846 – 893

(T) Friedrich Gulda, Klavier (4 CDs, Philips 412 794-2)

(A) Bob van Asperen, Cembalo (1. Teil: 2 CDs, EMI CDsS 7 49727 2; 2. Teil: 2 CDs, EMI CDS 7 49658 2)

(H) Wanda Landowska, Cembalo (1. Teil: 2 CDs, RCA GD 86217; 2. Teil: 3 CDs, RCA GD 87825)

Goldbergvariationen, BWV 988

(T) Glenn Gould (CBS 37779)

(A) Gustav Leonhardt (Dt. Harm. Mundi GD77149)

(H) Wanda Landowska (EMI CDsH 7 61 008 2)

Kunst der Fuge, BWV 1080

(T) Zoltán Kocsis, Klavier (2 CDs, Philips 412 729-2)

(A) Robert Hill, Cembalo (Frühfassung, Music & Arts CD-279)

Kammermusikwerke

Geigensonaten und -partiten, BWV 1001 – 1006

(T) Gidon Kremer (2 CDs, Philips 416 651 2)

(A) Sigiswald Kuijken (2 CDs, Deutsche Harm. Mundi 770432RG)

(H) Jasha Heifetz (2 CDs, RCA GD87708)

Cellosuiten, BWV 1007 – 1012

(T) Yo Yo Ma (2 CDs, M2K 37867)

(A) Anner Bylsma (2 CDs, RCA RD 70950)

(H) Pablo Casals (2 CDs, EMI 7 61027 2-655)

Kleine Auswahl der weiterführenden Literatur

Denis Arnold: J. S. Bach. Göttingen 1989.

Walter Blankenburg (Hrsg.): Johann Sebastian Bach. Wege der Forschung Band CLXX. Darmstadt 1970.

Ders.: Einführung in Bachs h-Moll-Messe. Kassel und München 2. Aufl. 1982.

Malcolm Boyd: Johann Sebastian Bach. Leben und Werk. Stuttgart 1984.

Alfred Dürr: Johann Sebastian Bach. Seine Handschrift – Abbild seines Schaffens. Wiesbaden 1984.

Ders.: Johann Sebastian Bach. Weihnachtsoratorium BWV 248. (Meisterwerke der Musik Heft 8.) München 1967.

Ders.: Die Kantaten von Johann Sebastian Bach mit ihren Texten. 2 Bände. 5., überarbeitete Auflage. München und Kassel 1985.

Werner Felix: Johann Sebastian Bach. Leipzig 1984.

Hans Conrad Fischer: Johann Sebastian Bach. Sein Leben in Bildern und Dokumenten. Neuhausen-Stuttgart o. Jahr.

Martin Geck (Hrsg.): Bach-Interpretationen. Göttingen 1969.

Ders. : Johann Sebastian Bach. Johannespassion BWV 245. (Meisterwerke der Musik Heft 55.) München 1991.

Karl Geiringer: Johann Sebastian Bach. 3., durchgesehene Auflage. München 1985.

Wolfgang Schmieder: Thematisch-systematisches Verzeichnis der musikalischen Werke Johann Sebastian Bachs. Bach-Werke-Verzeichnis (BWV). 2., überarbeitete und erweiterte Ausgabe. Wiesbaden 1990.

Arnold Schmitz: Die Bildlichkeit der wortgebundenen Musik Johann Sebastian Bachs. Mainz 1950.

Hans-Joachim Schulze und Christoph Wolff: Bach Compendium. Analytisch-bibliographisches Repertorium der Werke Johann Sebastian Bachs (BC). 3 Bände bzw. 7 Teile. Leipzig 1985 ff. (Bisher erschienen: Teil 1 – 4 des 1. Bandes.)

Hans-Joachim Schulze: Johann Sebastian Bach. Leben und Werk. Eine Anthologie in 25 Themenkreisen. Leipzig, Kassel und München 3. Aufl. 1985.

Barbara Schwendowius und Wolfgang Dömling: Johann Sebastian Bach. Zeit – Leben – Wirken. Kassel 1976.

Friedrich Smend: Bach in Köthen. Berlin 1951.

Rudolf Steglich: Wege zu Bach. Regensburg o. Jahr.

Hans Vogt: Johann Sebastian Bachs Kammermusik. Stuttgart 1981.

Percy M. Young: Die Bachs 1500 – 1850. Leipzig 1978.

Verwendete Literatur

Wolfgang Hildesheimer: Der ferne Bach. © Insel Verlag, Frankfurt am Main 1985. Seite 12 – 14.

An Georg Erdmann in Danzig – Leipzig, 28. 10. 1739 I/23. Zit. n.: Werner Neumann und Hans-Joachim Schulze (Hrsg.): Bach – Dokumente, herausgegeben vom Bach-Archiv, Leipzig unter Leitung von Werner Neumann. Supplement zu Johann Sebastian Bach. Neue Ausgabe sämtlicher Werke. 3 Bände, Kassel 1963, 1969 und 1972.

An J. F. Klemm in Sangerhausen – Leipzig, 24. 5. 1738 I/42. Zit. n.: Bach – Dokumente …a.a.O.

Friedrich August Roeber: Beiträge zur Belehrung und Unterhaltung. Zit. n.: Bach – Dokumente …a.a.O.

An seine Mutter in Schweinfurt – Leipzig, April 1738 II/423. Zit. n.: Bach – Dokumente …a.a.O.

An J. G. Hille in Glaucha – Leipzig, Juni 1740 II/477. Zit. n.: Bach – Dokumente …a.a.O.

An Johann Elias Bach in Schweinfurt – Leipzig, 2. 11. 1748 I/50. Zit. n.: Bach – Dokumente ...a.a.O

Christoph Wolff: Bachforschung und Bachinterpretation heute. © beim Autor.

Protokoll des Konsistoriums – Arnstadt, 21. 2. 1706 II/16. Zit. n.: Bach – Dokumente ...a.a.O.

J. A. Ernesti an den Rat der Stadt – Leipzig, 17. 8. 1736 II/382. Zit. n.: Bach – Dokumente ...a.a.O.

J. S. Bach an den Rat der Stadt – Leipzig, 19. 8. 1736 I/35. Zit. n.: Bach – Dokumente ...a.a.O.

J. A. Ernesti an den Rat der Stadt – Leipzig, 13. 9. 1736 II/383. Zit. n.: Bach – Dokumente ...a.a.O.

J. S. Bach, Zeugnis für F. G. Wild – Leipzig, 18. 5. 1727 I/57. Zit. n.: Bach – Dokumente ...a.a.O.

Widmung des Originaldruckes BWV 1079 – Leipzig, 7. 7. 1747 I/173. Zit. n.: Bach – Dokumente ...a.a.O.

Robert Hill: Bachwoche Ansbach 1985 – Offizieller Almanach 1985 der Bachwoche Ansbach, Auszug aus: Bach, Händel und Scarlatti in den Augen ihrer Zeitgenossen. Übersetzung aus dem Englischen von Ilse und Adolf Lang.

J. M. Gesner, Fußnote zu M. F. Quintilian „De Institutione Oratoria" – Göttingen, 1738 II/432 Original lateinisch. Zit. n.: Bach – Dokumente ...a.a.O.

Paul Hindemith: Johann Sebastian Bach. Ein verpflichtendes Erbe. B. Schott's Söhne, Mainz.

Johann Nikolaus Forkel: Ueber Johann Sebastian Bachs Leben, Kunst und Kunstwerke. Leipzig 1802.

Streitgespräch zwischen Scheibe und Birnbaum im „Critischen Musikus", Hamburg 1737.

Leipzig, den 23. Aug. 1730. Joh. Seb. Bach. Director Musices. Denkschrift an den Rat der Stadt I/22. Zit. n.: Bach – Dokumente ...a.a.O.

Karl Böhmer: Lasse Bach spiele ich Chopin. © CONCERTO, Das Magazin für Alte Musik 1988.

Hans-Joachim Schulze: Bach stilgerecht aufführen – Wunschbild und Wirklichkeit. © 1991 by Breitkopf & Härtel, Wiesbaden.

Glenn Gould: Kunst der Fuge; aus: Von Bach bis Boulez. © R. Piper GmbH & Co. KG., München 1986.

Rolf Dammann: Das musikalisch-rhetorische Prinzip; aus: Der Musikbegriff im deutschen Barock. © 2. Aufl. 1984 by Laaber Verlag, Laaber.

Hertha Kluge-Kahn: J. S. Bach. Die verschlüsselten theologischen Aussagen in seinem Spätwerk. © by 1985 Möseler Verlag, Wolfenbüttel.

Alfred Dürr: Das Bachbild im 20. Jahrhundert; aus: Im Mittelpunkt Bach. Bärenreiter Verlag 1988, Karl Vöttel GmbH & Co. KG, Kassel.

Karl Böhmer: W. Friedemann Bach. © beim Autor.

Hans-Günter Ottenberg: Plädoyer für ein Originalgenie; aus: Carl Philipp Emanuel Bach. © Reclam-Verlag Leipzig 1982.

Martin Geck: Die Wiederentdeckung der Matthäuspassion im 19. Jh. © 1967 Gustav Bosse Verlag, Regensburg.

Philipp Spitta: Johann Sebastian Bach. Leipzig 1873 und 1880.

Albert Schweitzer: J. S. Bach. © 1908/1936 by Breitkopf & Härtel, Wiebaden.

E. T. A. Hoffmann: Kreisleriana. Johannes Kreislers, des Kapellmeisters, musikalische Leiden.

Julien Green: Jugend. © 1987 F. A. Herbig Verlagsbuchhandlung GmbH, München.

Hans Henny Jahnn: Fluß ohne Ufer, Band II (Werke in Einzelbänden. Hamburger Ausgabe). Hrsg. von Ulrich Bitz und Uwe Schweikert. © Hoffmann und Campe Verlag, Hamburg 1986.

Bildnachweis

Umschlag

Vorderseite. Orgel der Kirche Saint-Eustache in Paris. Aquarell von 1801. Paris, Musée Carnavalet. Foto: Jean-Loup Charmet, Paris.

Buchrücken: Orgel. Kolorierter Stich; aus: „L 'Art du facteur d'Orgue" von Dom Bedos de Celle, 18. Jh. Paris, Bibliothèque nationale.

Rückseite: Portrait J. S. Bachs. Gemälde von E. G. Haussmann, 1746. Museum für Geschichte der Stadt Leipzig. Foto: Archiv für Kunst und Geschichte, Berlin (AfKG).

Bildvorspann

1 Kirche und Schule von St. Thomas in Leipzig. Kolorierter Holzstich von J. G. Schreiber, 1735. Foto: AfKG.

2/3 (oben) Eigenhändige Partitur der Kantate „Gott ist mein König" von 1708. Foto: AfKG.

2/3 (unten) Ansicht von Mühlhausen (Thüringen) im 17. Jh. Kolorierter Holzstich von M. Merian; aus: „Deutsche Topographie" von M. Zeiller. Paris, Bibl. nat. Foto: AfKG.

4/5 (oben) Eigenhändige Partitur der Kantate „Nun komm, der Heiden Heiland" von 1714. Foto: Gallimard, Paris.

4/5 (unten) Die fürstliche Residenz in Weimar. Kolorierter Holzstich von M. Merian; aus: „Deutsche Topographie" a.a.O. Foto: AfKG.

6/7 (oben) Eigenhändige Partitur des „Wohltemperierten Claviers". Paris, Bibl. nat.

6/7 (unten) Ansicht der Stadt Köthen im 17. Jh. Kolorierter Holzstich von M. Merian; aus: „Deutsche Topographie" a.a.O. Foto: AfKG.

8/9 (oben) Eigenhändige Partitur aus der „Matthäuspassion" von 1729. Paris, Bibl. nat.

8/9 (unten) Die Stadt Leipzig im 18. Jh. Holzstich von J. Wolff nach F. B. Werner, um 1710. Foto: AfKG.

11 Frontispiz des „Musicalischen Lexicons" von J. G. Walther von 1732. Kolorierter Stich. Paris, Bibl. nat.

Erstes Kapitel

12 Schülerkonzert. Aquarell aus dem Familienalbum von G. Ch. Stöberlein, 1642 – 1648. Nürnberg, Germanisches Nationalmuseum.

13 Portrait Martin Luthers. Holzstich. Paris, Bibl. nat.

14 Das sog. Bachhaus in Eisenach. Zeichnung von H. Bock, 1950. Eisenach, Bachhaus.

14/15 (unten) Ansicht der Stadt Eisenach. Stich von M. Merian. Paris, Bibl. nat.

15 (oben) Karte mit Angabe der Städte, in denen Bach wirkte. Karte von Patrick Mérienne. Foto: Gallimard, Paris.

16 (oben) Portrait J. Christoph Bachs, des Onkels von J. S. Bach. Anonymes Gemälde. Foto: AfKG.

16 (Mitte) Portrait J. Ambrosius Bachs, des Vaters J. S. Bachs. Anonymes Gemälde. Foto: AfKG.

16 (unten) Unterschrift J. Ambrosius Bachs. Foto: AfKG.

16/17 Stammbaum der Familie Bach. Paris, Bibl. nat. Foto: Edimédia, Paris.

17 (rechts) Portrait Hans Bachs, des Urgroßvaters J. S. Bachs. Stich. Ebd.

18 (oben) Ansicht der Stadt Ohrdruf im 17. Jh. Holzstich. Foto: AfKG.

18 (unten) Die St. Michaeliskirche von Ohrdruf. Anonymes Aquarell. Ohrdruf, Heimatmuseum.

19 „Concert a six personnages" (Ausschnitt). Gemälde von Valentin du Bouloge, Anfang des 17. Jh. Paris, Musée du Louvre. Foto: Edimédia, Paris.

20 (oben) Titelblatt einer Lutherbibel mit Eigentumsvermerk Bachs. Foto: AfKG.

20 (unten) Portrait G. Frescobaldis. Bologna, Museo civico. Foto: Dagli Orti, Paris.

21 Scholarenchor. Stich aus dem 18. Jh. Foto: Explorer, Paris.

22 (oben) Musikalische Bibliothek. Gemälde von G. M. Crespi. Bologna, Museo civico. Foto: Scala, Mailand.

22 (unten) Die Universitätsbibliothek von Göttingen. Stich von G. Heinemann. Paris, Bibl. nat.

23 Das Innere der St. Michaeliskirche in Lüneburg. Gemälde von J. Burmester um 1700. Lüneburg, Museum für das Fürstentum.

24 (links) „Réunion de musiciens". Gemälde von F. Puget, Ende des 17. Jh. Paris, Musée du Louvre. Foto: Réunion des Musées Nationaux, Paris.

24/25 Tanzszene. Stich vom Anfang des 18. Jh. Foto: Gallimard, Paris.

25 (unten) „Konzert". Anonymes Gemälde aus der neapolitanischen Schule, Ende 18. Jh. Mailand, Museo Sforzesco. Foto: Fabri, Paris.

26 (oben) Titelseite von „L'Art de toucher le clavecin" von François Couperin. Paris, Bibl. nat. Foto: Lauros-Giraudon, Paris.

26 (unten) Portrait François Couperins. Gemälde aus dem 18. Jh. Schloß von Versailles. Foto: Lauros-Giraudon, Paris.

27 (oben) Karte der Umgebung Hamburgs und Ansicht der Stadt Hamburg. Kolorierter Stich von J. B. Homann, 17. Jh. Foto: AfKG.

27 (unten) Portrait von J. Adam Reinken. Gemälde von G. Kneller. Hamburg, Museum für hamburgische Geschichte.

Zweites Kapitel

28 Organist. Stich aus dem „Musikalischen Theater" von J. C. Weigel um 1720. Foto: AfKG.

29 Konzert. Stich nach W. Hogarth. London, British Museum.

30 Ansicht der Stadt Weimar. Kolorierter Stich von G. M. Kraus, um 1780. Foto: AfKG.

30/31 Musikalischer Zirkel in Italien im 18. Jh. Gemälde von Anton Domenico Gabbiani (1652 – 1726). Florenz, Palazzo Pitti. Foto: Gallimard, Paris.

31 (rechts) Junger Violinist am Hof. Stich aus dem 18. Jh. Paris, Bibl. nat. Foto: Ebd.

32 (oben) Orgel, auf der Bach in Arnstadt spielte. Foto: Folio, Paris.

32 (unten) Maria Barbara Bach. Scherenschnitt. Foto: Roger Viollet, Paris.

33 Bach an der Orgel beim Einüben eines Chorals. Nach einer Zeichnung von R. Borckmann. Foto: Ebd.

34/35 (oben) Ansicht der Stadt Lübeck. Stich von M. Merian; aus: „Deutsche Topographie", a.a.O.

34/35 (unten) Allegorie der Freundschaft zwischen Buxtehude und J. Adam Reinken. Gemälde von J. Voorhout, 1674. Hamburg, Museum für hamburgische Geschichte. Foto: AfKG.

36 Die heilige Kommunion bei den Lutheranern in Augsburg. Stich von C. Sperling, 1732. Paris, Bibliothèque du Musée des Arts Décoratifs. Foto: Dagli Orti, Paris.

37 (links) Portrait Martin Luthters aus dem 19. Jh. Genf, Bibliothèque Universitaire. Foto: Ebd.

37 (rechts) Der Choral „Ein feste Burg ist unser Gott" in der Abschrift von Martin Luther. Foto: Gallimard, Paris.

38 Ansicht von Arnstadt. Stich von P. Roesel de Rosenhoff, um 1722. Foto: AfKG.

39 Der Dom von Mühlhausen (Thüringen). Stich von J. M. Kolb. Foto: AfKG.

40 Originaldruck der Kantate „Gott ist mein König" von 1708. Foto: AfKG.

41 Eigenhändige Partitur der Kantate „Gott ist mein König" von 1708. Foto: AfKG.

42 (oben) Kostenvoranschlag für die Orgel des Doms von Mühlhausen. Mühlhausen, Stadtarchiv. Foto: Ebd.

42/43 (unten) Das Innere der Kirche. Ausschnitt aus einem Gemälde von Dirck van Delen, 17. Jh. Helsinki, Atheneus. Foto: Giraudon, Paris.

43 (oben) Einüben einer Kantate. Anonyme Gouache von 1775. Foto: AfKG.

44 Portrait Georg Christian Eilmars. Anonymes Gemälde aus dem 18. Jh. Mühlhausen (Thüringen), Heimatmuseum.

45 (oben) Kündigungsgesuch von Bach, am 25. Juni 1708 an den Rat von Mühlhausen gerichtet. Foto: Gallimard, Paris.

45 (unten) Portrait J. Adoph Frohnes. Anonymes Gemälde aus dem 18. Jh. Mühlhausen, Heimatmuseum.

Drittes Kapitel

46 Die Schloßkapelle in Weimar. Gouache von C. Richter, um 1660. Kunstsammlung zu Weimar.

47 Bachs Hände an der Orgel (Ausschnitt). Lithographie. Foto: AfKG.

48 (oben) Portrait des Herzogs Wilhelm Ernst von Sachsen-Weimar. Stich. Paris, Bibliothèque nationale.

48/49 (unten) Weimar im 17. Jh. Stich aus dem 18. Jh. Paris, Bibliothèque nationale. Foto: Roger Viollet, Paris.

49 (oben) Das Weimarer Schloß, genannt die „Wilhelmsburg". Anonymes Aquarell von 1774. Weimar, Nationale Forschungs- und Gedenkstätten der klassischen deutschen Literatur.

50 (oben) Auflistung der Instrumente, die Bach hinterließ. Kapitel VI der Inventarliste. Foto: Gallimard, Paris.

50 (unten) „Allegorie des Gehörs". Gemälde von Jan Bruegel d. Ä. („Blumenbruegel"), 1617–1618. Madrid, Prado. Foto: Giraudon, Paris.

51 (unten) Ebd.

52 (links) Die Liebfrauenkirche in Halle (Stich). Foto: Gallimard, Paris.

52 (rechts) J. S. Bach an der Orgel. Lithographie nach einem Gemälde von Hamann. Foto: AfKG.

53 Kammerorchester. Stich aus dem 18. Jh. Paris, Bibliothèque du Musée des Arts Décoratifs. Foto: Jean-Loup Charmet, Paris.

54 Entwurf für einen Orgelprospekt. Anonymer Stich aus dem 18. Jh. Foto: Giraudon, Paris.

55 (oben links) Orgel. Stich von X. Habermann, Deutschland, 18. Jh. Paris, Bibliothèque du Musée des Arts Decoratifs. Foto: Dagfi Orti, Paris.

55 (oben rechts) Die Orgel des Ulmer Münsters. Stich aus Deutschland, 18. Jh. Ebd.

55 (unten) Verzierungen am Prospekt der Orgel der Abtei Weingarten. Kolorierter Stich. Foto: Jean-Loup Charmet, Paris.

56 (oben) Zwei Orgelbauer bei der Arbeit. Stich von La Gardette; aus: „L'Art du facteur d'Orgues" von Dom Bedos de Celle, 18. Jh. Paris, Bibl. nat.

56 (unten) Perspektivische Innenansicht einer sechsfüßigen Orgel. Stich. Ebd.

57 (oben) Tastatur. Stich. Ebd. Foto: Jean-Paul Dumontier, Villiers-sur-Marne.

57 (unten) Verschiedene Orgelpfeifen. Stich. Ebd.

58 (unten) Portrait von J. G. Walther. Bologna, Museo civico. Foto: Scala, Mailand.

58/59 (oben) Eigenhändige Partitur von Bach für das Konzert in Gis-Dur. Transkription eines Konzertes von J. Ernst von Sachsen-Weimar. Foto: Gallimard, Paris.

59 (unten) „Das Konzert". Gemälde von Pietro Longhi, Venedig 18. Jh. Foto: Nimatallah, Paris.

60 (unten) Portrait von Antonio Vivaldi. Bologna, Museo civico. Foto: Scala, Mailand.

60/61 (oben) Bratsche und Violine aus der Barockzeit. Fotos von Pierre Jacques, Geigenbauer. Foto: Dumontier, Paris.

61 (unten) Portrait G. Ph. Telemanns. Stich von G. Lichtensteger aus dem 18. Jh. Paris, Bibl. nat.

62 (links) Cembalospieler. Stich aus dem „Musikalischen Theater" von J. C. Weigel, 1720. Foto: Archiv für Kunst und Geschichte, Berlin.

62 (rechts) Tabulatur; aus: „Versuch über die wahre Art das Klavier zu spielen" von Carl Philipp Emanuel Bach, 1753. Paris, Bibliothèque nationale.

64 (unten) Portrait von Ernst August von Sachsen-Weimar. Stich. Foto: Gallimard, Paris.

64/65 (oben) Ansicht von Dresden. Gemälde von Bernardo Bellotto, genannt Canaletto, 18. Jh. Dresden, Gemäldegalerie. Foto: Folio, Paris.

65 (unten) Portrait Louis Marchands. Stich von R. Pinx. Paris, Bibl. nat.

Viertes Kapitel

66 Portrait J. S. Bachs. Gemälde von J. E. Rentsch, 1715. Erfurt, Angermuseum. Foto: AfKG.

67 Ansicht der Stadt Köthen im 17. Jh. Kolorierter Stich von M. Merian; aus: „Deutsche Topographie", a. a. O. Foto: Ebd.

68 (oben) Das Schloß von Köthen. Gouache von F. Traeger, 1828. Köthen, Heimatmuseum.

68 (unten) Leopold von Anhalt-Köthen. Stich aus dem 18. Jh. Foto: AfKG.

68/69 G. F. Händel dirigiert ein Oratorium. Stich. London, British Museum.

70 (unten) Violinist. Stich aus dem „Musikalischen Theater" von J. C. Weigel, 1720. Foto: AfKG.

70/71 (oben) Eigenhändige Partitur einer der sechs Sonaten von Köthen. Foto: Folio, Paris.

71 (unten) Cellist. Stich aus dem „Musikalischen Theater" von J. C. Weigel, 1820. Foto: AfKG.

72 Cellist. Stich von 1822. Paris, Bibliothèque du Musée des Arts Décoratifs. Foto: Edimédia, Paris.

73 (oben) Musiker des 18. Jh (Violine und Bratsche). Stich aus dem 18. Jh. Paris, Bibl. nat. Foto: Ebd.

73 (unten) Cellist. England 17. Jh. Foto: Explorer, Paris.

74 Titelseite des „Clavier-Büchleins", geschrieben für Wilhelm Friedemann Bach am 29. Januar 1720. Foto: AfKG.

74/75 Bach und drei seiner Söhne. B. Denner zugeschriebenes Gemälde von 1730. Privatsammlung. Foto: Bildarchiv Preußischer Kulturbesitz, Berlin.

76 (oben) Titelseite der „Französischen Suiten". Foto: Gallimard, Paris.

76 (unten) „Die Musikrunde". Gemälde von E. Handmann, 1769. Basel, Kunstmuseum. Foto: Giraudon, Paris.

77 Konzert am Klavichord. Frontispiz der Charlottenburger Ausgabe von G. Schlüter, 1794. Foto: AfKG.

78 (oben) Orgel der Jakobikirche in Hamburg. Foto: Folio, Paris.

78 (unten) Portrait von E. Neumeister, Pastor an der Jakobikirche in Hamburg. Foto: AfKG.

79 Die Jakobikirche in Hamburg. Stich aus dem Verlag Peter Schenk, Amsterdam, um 1700. Hamburg, Museum für hamburgische Geschichte.

80 (links) Eigenhändige Partitur des „Brandenburgischen Konzerts" Nr. 2. Foto: AfKG.

80 (rechts) Titelseite mit Widmung der „Brandenburgischen Konzerte". Foto: Paris, Bibl. nat.

81 Titelseite des „Wohltemperierten Claviers". Foto: Mandel, Paris.

82 (links) Das Musikzimmer Bachs mit seinen Instrumenten. Eisenach, Bachhaus. Foto: AfKG.

82 (rechts) Cembalo. Stich, aus: „Harmonie universelle" von M. Merselle, 1636. Foto: Gallimard, Paris.

83 (oben) Cembalo. Mailand, Museum der Musikinstrumente. Foto: Scala, Mailand.

83 (unten) Cembalo. Privatsammlung. Foto: Gallimard, Paris.

84 (oben) Titelblatt des „Notenbüchleins" Anna Magdalena Bachs, 1725. Foto: AfKG.

84 (unten) Portrait von Friederika Henrietta von Anhalt-Bernburg. Stich aus dem 18. Jh. Paris, Bibl. nat.

85 Bach und seine Familie beim Morgengebet. Gemälde von T. E. Rosenthal von 1870. Ehem. Museum Leipzig. Foto: AfKG.

Fünftes Kapitel
86 Kirche und Schule von St. Thomas in Leipzig. Kolorierter Stich von J. G. Krügner von 1723. Foto: AfKG.

87 Die Unterschrift Bachs zu der Zeit, als er Thomaskantor in Leipzig war. Foto: Ebd.

88 (links) Münzen aus der Zeit Bachs. Foto: Gallimard, Paris.

88 (oben rechts) Taufe der Lutheraner in Augsburg. Stich von G. Sperling, 1732. Paris, Bibliothèque du Musée des Arts Décoratifs. Foto: Dagli Orti, Paris.

88/89 (unten) Beerdigung bei den Lutheranern in Augsburg. Ebd.

89 (oben) Hochzeit bei den Lutheranern in Augsburg. Ebd.

90 Die Musikschule Bachs in Leipzig im Jahr 1729. Foto: Roger Viollet, Paris.

90/91 Die Thomasschule in Leipzig. Zeichnung von G. v. Mandelsloh aus dem 19. Jh. Foto: Folio, Paris.

91 (rechts) J. Heinrich Ernesti, Rektor der Thomasschule in Leipzig. Stich von J. M. Bernigeroth. Foto: AfKG.

92 Nikolaikirche in Leipzig. Stich von 1592. Foto: Ebd.

93 (oben) Ankündigung der Aufführung einer von Bach geschriebenen Kantate, von ihm selbst dirigiert in der Thomasschule in Leipzig. Foto: Roger Viollet, Paris.

93 (unten) Der Kantor. Kolorierter Stich aus dem „Musikalischen Theater" von J. C. Weigel von 1720. Foto: AfKG.

94 (links) Frontispiz des „Musicalischen Lexicons" von J. G. Walther, 1732. Paris, Bibl. nat.

94/95 (unten) Die Paulinerkirche in Leipzig. Stich von G. Bodenehr. Ebd.

95 (oben) Eigenhändige Partitur des Magnificats. Berlin, Deutsche Staatsbibliothek. Foto: AfKG.

96 (oben) Titelblatt der Matthäuspassion. Paris, Bibl. nat.

96/97 Inneres der Thomaskirche in Leipzig. Aquarell von R. Mertz, um 1885. Museum für Geschichte der Stadt Leipzig. Foto: AfKG.

97 (rechts) Eigenhändige Partitur der Matthäuspassion. Paris, Bibl. nat.

98/99 (oben) Auszug aus den Erinnerungen an Leipzig, wo „eine wohlbestallte Kirchenmusik" entstand. Eigenhändiges Manuskript vom August 1730. Foto: AfKG.

98/99 (unten) Das Rathaus und der Marktplatz in Leipzig. Stich aus dem 18. Jh. Paris, Bibl. nat. Foto: Roger Viollet, Paris.

100/101 (unten) Sänger führen einen Choral auf. Kreidezeichnung von G. Flüggen. München, Staatliche graphische Sammlungen. Foto: Explorer, Paris.

101 (oben) Portrait J. M. Gesners, Rektor an der Thomasschule. Ölgemälde von E. G. Haussmann aus dem 18. Jh. Privatsammlung. Foto: Gallimard, Paris.

101 (unten) Zwei musizierende Knaben. Gemälde von Frans Hals, 1625. Kassel, Hessisches Landesmuseum. Foto: Brumaire, Paris.

102 (oben) Titelblatt der „Clavier Übung" von 1731. Paris, Bibl. nat.

102 (unten) Eigenhändiges Manuskript der weltlichen Kantate „Erwählte Pleissenstadt", 1730. Foto: AfKG.

103 Das Kaffeehaus Zimmermann. Ausschnitt aus einem Stich von J. G. Schreiber nach G. Wustmann, 18. Jh. Foto: Ebd.

104/105 Musikalische Soirée im Musikkollegium in Hamburg. Anonymes Aquarell von 1740. Hamburg, Museum für Kunst und Gewerbe. Foto: Ebd.

106/107 Das Musikkollegium in Jena während einer Probe. Aquarell auf Pergament, um 1740. Ebd.

108 (links) Zueignung der h-Moll-Messe an Friedrich August von Sachsen vom 19. August 1733. Foto: Ebd.

108 (rechts) Portrait Augusts III., König von Polen. Gemälde nach L. Silvestre. Château de Versailles. Foto: Lauros-Chiraudon, Paris.

109 (oben) Das Apelsche Haus. Stich aus dem 18. Jh. Paris, Bibl. nat. Foto: Edimédia, Paris.

109 (unten) „Deo soli gloria" am Ende der eigenhändigen Partitur der h-Moll-Messe. Foto: AfKG.

110 (oben) Die Attribute der Musik. Stich aus dem 18. Jh. Foto: Jean-Loup Charmet, Paris.

110 (unten) Ein Kaffeehaus in Leipzig im 18. Jh. Stich von 1774. Foto: AfKG.

111 Portrait J. A. Ernestis, Rektor an der Thomasschule in Leipzig, 1743–1759. Ölgemälde von A. Graff, 18. Jh. Privatsammlung. Foto: Gallimard, Paris.

112 Kammermusiktrio. Gemälde von R. Tournières. Dijon, Musée des Beaux-Arts. Foto: AfKG.

113 (oben) Titelblatt des „Critischen Musikus" von J. A. Scheibe von 1745. Paris, Bibl. nat.

113 (unten) Portrait J. Matthesons. Stich von J. J. Haid. Foto: Giraudon, Paris.

Sechstes Kapitel

114 Portrait J. S. Bachs. Gemälde von E. G. Haussmann von 1746. Museum für Geschichte der Stadt Leipzig. Foto: AfKG.

115 Titelblatt der Originalausgabe des „Musicalischen Opfers". Foto: Gallimard, Paris.

116 (oben) Portrait Carl Philipp Emanuel Bachs. Pastell aus Meiningen, vielleicht von Gottlieb Friedrich Bach, um 1733. Eisenach, Bachhaus.

116 (unten) Portrait Friedrichs II. von Preußen. Chantilly, Musée Condé. Foto: Lauros-Chiraudon, Paris.

117 „Das Flötenkonzert". Gemälde von A. v. Menzel, 1852. Foto: AfKG.

118/119 Bach spielt am Hof Friedrichs des Großen in Potsdam am 7. und 8. Mai 1747 die Orgel. Kolorierter Stich nach einem Gemälde von Hermann Kaulbach, um 1870. Foto: Ebd.

119 (oben) Zueignung des „Musicalischen Opfers" an Friedrich den Großen vom 7. Juli 1747. Foto: Ebd.

120 Portrait Georg Friedrich Händels. Anonymes Gemälde. Bologna, Museo civico. Foto: Scala, Mailand.

121 Der Name J. S. Bach unter einer Ausgabe der „Kunst der Fuge" von 1842. Foto: Gallimard, Paris.

122 (unten) Das Siegel der Familie Bach. Foto: AfKG.

122/123 (oben) Eigenhändige Partitur der „Kunst der Fuge". Foto: Gallimard, Paris.

122/123 (unten) Ebd.

124/125 Die Johanniskirche in Leipzig und der Friedhof, auf dem J. S. Bach begraben werden sollte. Paris, Bibl. nat. Foto: Ebd.

125 (oben) Staroperation. Tafel aus dem „Universallexikon der Medizin" von R. James, 1746–1748. Ebd.

126 (links) J. S. Bach. Scherenschnitt. Foto: Roger Viollet, Paris.

126 (rechts) Eigenhändiger Brief Anna Magdalena Bachs nach dem Tod J. S. Bachs an den Rektor der Leipziger Universität, 1750. Foto: AfKG.

126/127 Blick auf Leipzig von der Lindenau. Gemälde von J. A. Thiele. Leipzig, Museum der bildenden Künste. Foto: Ebd.

128 Die Orgel der Kirche St. Eustache in Paris. Aquarell von 1801. Foto: Jean-Loup Charmet.

Zeugnisse und Dokumente

129 Die Thomaspforte der Thomaskirche zu Leipzig. Stich von 1790. Museum für Geschichte der Stadt Leipzig. Foto: AfKG.

130 Portrait J. S. Bachs, 1750. Paris, Bibl. nat. Foto: Giraudon, Paris.

131 Autograph des ersten Präludiums aus dem „Wohltemperierten Clavier". Foto: Roger Viollet, Paris.

132 Morgengebet bei der Familie Bach. Gemälde von T. E. Rosenthal, 1870. Ehem. Museum Leipzig. Foto: Roger Viollet, Paris.

135 Bachs Arbeitszimmer. Zeichnung. Foto: Artephot/Mansell, Paris.

137 Autograph des ersten Präludiums aus dem „Wohltemperierten Clavier". Foto: Roger Viollet, Paris.

138 Ansicht Leipzigs. Stich. Paris, Bibl. nat. Foto: Roger Viollet, Paris.

139 Autograph Bachs. Paris, Gallimard.

143 Clavicord. Stich in: „Harmonie universelle", a.a.O. Sammlung M. Pincherle. Foto: Giraudon, Paris.

146 J. S. Bach dirigiert eine Kantate. Wiener Postkarte von O. Friedrich, 1914. Foto: Jean-Loup Charmet, Paris.

150 Aufführung einer Messe von G. F. Händel in Westminster 1784. Stich in: „Commemoration of Händel" von Charles Burney, 1785. Foto: Gallimard, Paris.

153 Paul Hindemith. Foto. © Archiv für Kunst und Geschichte, Berlin

160 Orgeltabulatur von A. Schlick in: „Tabulaturen etlicher lobgesang und lidlein uff die orgeln und lauten". Paris, Bibl. nat.

161 Musikalische Notierung in: „Musurgia universalis" von A. Kircher, 1650. Foto: AfKG.

162 (links) Carl Phlipp Emanuel Bach. Stich. Paris, Bibl. nat.

162 (rechts) Wilhelm Friedemann Bach. Anonyme Zeichnung. Eisenach, Bachhaus. Foto: AfKG.

163 (links) Johann Christoph Friedrich Bach. Anonyme Pastellzeichnung. Foto: Ebd.

163 (rechts) Johann Christian Bach. Anonyme Zeichnung. Eisenach, Bachhaus. Foto: Ebd.

165 Felix Mendelssohn-Bartholdy. Stich. © Archiv für Kunst und Geschichte, Berlin.

168 Frontispiz und Titelseite von J. N. Forkel, „Über Johann Sebastian Bachs Leben, Kunst und Kunstwerke", Leipzig 1802. Foto: Bibl. nat.

172 E. T. A. Hoffmann. Zeichnung. © Archiv für Kunst und Geschichte, Berlin.

175 Bachdenkmal in Leipzig vor der Thomaskirche von K. Seffner. Foto: Archiv für Kunst und Geschichte, Berlin.

188 Deutschland im 17. Jh. Karte in: „Großer Atlas über die ganze Welt" von J. B. Homann, 1716. Foto: AfKG.

Inhalt